Johanna Katzera

Achtsam oder abgelenkt?

Über die Anziehung digitaler Medien und den Wert unserer Aufmerksamkeit

Für Ricky,
meine Liebe, meinen Rückenwind

1. Auflage 2022

Umschlaggestaltung, Layout und Satz: Johanna Katzera
Druck und Bindearbeiten: Horn Digitaldruck, Melsungen
Gedruckt in Deutschland
ISBN 978-3-00-074181-4

Papier: Dieses Buch wurde aus dem Recycling-Papier Circle Premium produziert, das zu einhundert Prozent aus Altpapier besteht und einer CO2-neutralen Produktion entstammt. Das Papier ist mit dem »Blauen Umweltengel« ausgezeichnet.

www.einfachachtsam.de
Instagram: @einfachachtsam_sylt
Facebook: @einfachachtsam

INHALT

Prolog

I

Eine kurze Geschichte der Digitalisierung – allgemein und persönlich

Rückblick 13
Verbindung zu meiner Ur-Großmutter 19
Legale Junkies 22

II

Aufmerksamkeitsökonomie: Von der Anziehung digitaler Medien über ihre Sogwirkung bis hin zur Sucht

Anziehungskraft des Smartphones 29
Addictive Design 37
Rhythmus des Algorithmus 43
Gewohnheitsschleife 54
Warum der Suchtcharakter digitaler Medien auf Kinder und Jugendliche besonders groß ist 59
Computerspielsucht 66
Instagram 72
Verbinde dich 78

III

Umgang mit digitalem Stress: Anschalten und Abschalten für mehr Wohlbefinden und Fokus – privat und beruflich

Digitaler Alltagsstress 85
Fragmentierung des Alltags 91
Ablenkung und Multitasking 95
Fokus im Kleinen 100
Digitale Ordnung 108
Fokus im Großen 115
Stille 119
Schlaf gut 126
Abschalten im Urlaub 129
Umgang mit digitalem Stress 132

Epilog

*» Denn das ist eben die Eigenschaft der wahren Aufmerksamkeit,
dass sie im Augenblick das Nichts zu allem macht. «*

Johann Wolfgang von Goethe

Prolog

Habe ich den Schritt vom Analogen ins Digitale verpasst? Für mich war es als 24-Jährige im Jahr 2009 völlig fraglos, dass ich ohne mein Handy für sechseinhalb Monate nach Südamerika reisen würde. Einen Laptop besaß ich nicht einmal, sodass sich mir die Frage, ob ich einen tragbaren Computer mitnehmen würde, gar nicht stellte.

Ich kannte es nicht anders: Ich sammelte Fotos auf Speicherkarten, Gedanken auf Papier und lebte die damals für mich selbstverständliche Unerreichbarkeit. Es war nicht möglich, mit den Menschen in meiner Heimat im Dauerdialog zu stehen. Ich lebte auf der anderen Seite der Erde in einer anderen Zeitzone einen anderen Alltag. Und genau das wollte ich: Das echte Eintauchen in andere Lebenswelten, Ferne spüren und Distanz empfinden, in dem Wissen, dass ich sie nicht überwinden kann. Das war der Reiz, manchmal schwierig – doch genau das machte ihn aus.

Telefon, Nachschlagewerk, Kamera, Reiseführer oder Navi auf einem einzigen Gerät in der Hosentasche besaß ich nicht. Und ich vermisste es nicht. Weil ich es nicht kannte. Ich musste mein Leben nicht festhalten, weil es mir nicht weggelaufen war. Ich war einfach da, wo ich war. Der Horizont war nah und wurde nicht durch ein kleines Gerät ins Unendliche vergrößert – doch erweiterte sich genau deshalb umso mehr durch die täglichen Erlebnisse und Begegnungen.

Ich hatte mein Leben buchstäblich im Griff und die Dinge in

der Hand, während inzwischen vieles in der Grenzenlosigkeit und in der Unsichtbarkeit des Virtuellen verschwimmt, sodass ich manchmal den Überblick verliere. In unserer modernen Welt – nur wenige Jahre später – ist das Gepäck leichter, weil sich vieles digital klein falten lässt und ein einziges Gerät so viele Funktionen vereint. Und doch fühlt sich das Leben heute manchmal komplizierter an. Ich bemerke, dass die Zeit mit dem Smartphone in den Händen zwischen meinen Fingern zerrinnt und das Abtauchen ins Digitale oft keine echte Zufriedenheit stiften kann.

Wo sind die magischen Momente?
Wo sind die Begegnungen?
Wo ist der Austausch?

Sie leuchten heute oft als kleine Symbole auf meinem Display und können nicht ersetzen, wonach ich mich im Laufe der digitalen Jahre immer mehr sehne: Nach dem Leuchten, der Tiefe und der Lebendigkeit im echten Leben – mitten im Alltag.

Im Jahr 2016 kaufte ich einer Freundin ihr altes, mein erstes, Smartphone ab. Das war, wenn ich das mit meinem Umfeld vergleiche, verhältnismäßig spät. Doch ich wollte so lange am Alten festhalten, weil es mir genügte. Inzwischen genieße ich die Funktionen, die die modernen Technologien mit sich bringen – die Möglichkeit zur Kommunikation, die Verfügbarkeit von Informationen, die Auswahl an Unterhaltung, die Erleichterung der Alltagsorganisation – und erkenne auf der anderen Seite doch den Sog, der von ihnen ausgeht.

Weil ich diesen Schritt, das Gehen mit der Zeit und der Technik, ein paar Jahre herausgezögert habe, ist er zu einem Sprung geworden. Erst allmählich begreife ich, wie dieses neue Leben, in dem das Virtuelle und das Analoge mehr und mehr verschwimmen, gut funktionieren kann.

Smartphone, Tablet, Computer & Co sind aus unserem Alltag längst nicht mehr wegzudenken. Im Gegenteil: Die Entwicklung der Digitalisierung schreitet unablässig voran und erzeugt stets neue Möglichkeiten. Erleichterungen bringen Herausforderungen mit sich. Und größere Zerstreuung verlangt nach mehr Achtsamkeit. Der digitale Wandel betrifft uns alle. Daher lohnt es sich, dass wir uns mit dieser neuen Normalität auseinandersetzen und der Grenzenlosigkeit der virtuellen Welt eigene Grenzen setzen.

Es geht nicht darum, alle Stecker zu ziehen, die Zeit zurückzudrehen und unser Leben im Flugmodus zu verbringen: Es geht um eine digitale Balance, die uns den Alltag und das Miteinander erleichtert und zugleich unsere mentale Gesundheit nicht gefährdet. Es geht um die guten Gefühle in der Realität und um die analogen Wunder des Alltäglichen. Es geht um ablenkungsfreie Präsenz, um Selbstkontrolle und -bestimmung, und um das Gefühl von Zufriedenheit aus uns selbst heraus. All das ist manchmal eine Herausforderung geworden, doch das Schönste geblieben.

Mit diesem Buch möchte ich Hintergründe und Zusammenhänge der Wirkweise digitaler Medien darstellen und Anregungen für eine achtsame, gesunde und selbstbestimmte Nutzung geben. Ich möchte das Bewusstsein für den Wert unserer Aufmerksamkeit stärken, mit der Frage *Achtsam oder abgelenkt?* für eine bewusste Nutzung digitaler Medien sensibilisieren und die Bedeutung des ablenkungsfreien analogen Erlebens hervorheben. Denn unsere Aufmerksamkeit ist wertvoll.

Viel Freude beim Lesen

I

Eine kurze Geschichte der Digitalisierung – allgemein und persönlich

Rückblick: Es gab ein Leben vor dem Internet und vor dem Smartphone

Das Bedürfnis der Menschen einander durch Bilder oder Worte zu informieren, begleitet die Menschheit schon von je her: Angefangen von der Höhlenmalerei über den Buchdruck, Zeitungen und Litfaßsäulen, die Erfindung von bewegten Bildern in schwarzweiß, Radio, Telefon und Farbfernsehen bis hin zu Computer, Handy und digitalen Fotos. Die Entwicklung der Medien ging mit einer stetig größer werdenden Reichweite und damit gesellschaftlicher Teilhabe an Wissen sowie vereinfachter Kommunikation einher.

1991 gilt als offizieller Beginn des *World Wide Web.* Kaum eine Erfindung hatte einen so großen Einfluss auf die globale Bevölkerung. Aufgrund des Internets stehen immer mehr Menschen immer mehr Informationen zur Verfügung, und wir alle können zu diesem Wissen beitragen, indem wir Artikel, Gedanken, Meinungen oder Videos in das täglich wachsende System einspeisen. Wir kommunizieren, arbeiten oder konsumieren immer öfter losgelöst von Raum und Zeit und sind nahezu immer und überall erreichbar.

Seit 1997 gibt es Google. Es folgten Facebook (2004), YouTube (2005), Twitter (2006). Am 9. Januar 2007 stellte Steve Jobs das erste iPhone vor. Im Herbst waren iPhones auch in Europa erhältlich. Von nun an konnten wir das Internet und seine wachsenden Möglichkeiten in Form von vielfältigen, neuen Apps auf einem kleinen Gerät bei uns tragen. WhatsApp gibt es seit 2009, Instagram seit 2010, Snapchat seit 2011, die Smart Watch seit 2013 und TikTok seit 2016.

Ich kenne nicht mehr viele Personen, die kein Smartphone besitzen.

Wie viele kennst du?

Inzwischen laufen wir fast alle mit und nutzen die Möglichkeiten, die uns das moderne Leben vereinfachen sollen. Die einen langsamer, die anderen schneller; die einen seelenruhig, die anderen rastlos. Doch in der Summe werden wir stets mehr Menschen und daher als Masse immer schneller. Und während unsere Mediennutzung unkontrollierter wird, werden wir selbst kontrollierbarer. *Doch dazu später mehr.*

Wir senden und wir empfangen mehr; wir wissen mehr, aber manchmal nicht, welchen Informationen wir vertrauen können; die modernen Technologien erleichtern uns die alltägliche Organisation, sie schenken uns Zeit, jedoch sie nehmen uns auch Zeit. Doch die Frage ist, ob durch sie am Ende unterm Strich mehr Zeit für das persönlich Wichtige bleibt. Mit den vermehrten Möglichkeiten wachsen auch die Herausforderungen. Denn wo etwas wirkt, gibt es auch Nebenwirkungen. Von Menschen initiiert, haben die modernen Technologien innerhalb weniger Jahrzehnte eine Eigendynamik entwickelt, die so faszinierend wie bedenklich zugleich ist.

Der Inhalt dieser Zeilen und Zahlen über die Entwicklung der Medien hat unseren Alltag radikal verändert und verdeutlicht zugleich: Es gab ein Leben vor dem Smartphone, vor Google und vor dem *World Wide Web*. Und das ist gar nicht lange her.

Digital Natives

Personen, die ganz selbstverständlich mit digitalen Medien aufwachsen, werden als *Digital Natives* bezeichnet. Kommunikation, Unterhaltung und Wissen stehen ihnen von klein auf fast immer und überall zur Verfügung – auch, weil sie teilweise zu früh zur Verfügung gestellt werden. Das bedeutet jedoch nicht, dass sie als Kinder oder Jugendliche intuitiv einen gesunden und kompetenten Umgang mit Computer, Laptop oder Smartphone leben.

Da sich die Trennung und auch der Übergang von offline zu online und wieder zurück, immer weiter auflösen, ist es für *Digital Natives* vermutlich kaum vorstellbar, dass das Leben einmal anders war.

Wenn ich vor Schulklassen der Oberstufe Vorträge halte, um

für einen verantwortungsbewussten und gesunden Umgang mit digitalen Medien zu sensibilisieren, frage ich mich, ob die Jugendlichen sich vielleicht fragen, warum ich die Ganzheit ihres Erlebens in analog und virtuell zu trennen versuche, nur, weil ich selbst in einer Welt groß geworden bin, in der dies so war. Doch ich bin dafür sehr dankbar: Dankbar, dass ich eine Kindheit ohne Internet und eine Jugend ohne Smartphone erleben durfte. Dankbar, dass ich ohne Laptop und Handy für längere Zeit im Ausland leben durfte und dadurch ein Gefühl von räumlicher Distanz entstehen konnte; dankbar, dass es viele Optionen schlicht nicht gab und ich dort, wo ich war, präsent und ein Stück weit auf mich allein gestellt war.

Internetcafés und Briefe ermöglichten den Kontakt in die Heimat, ein Wörterbuch die Kommunikation sowie ein Reiseführer die Organisation. Das war zwar nicht immer einfach und doch erleichterte es manches genau dadurch, dass es die vielen Möglichkeiten nicht gab. Und vielleicht konnte sich auf diese Weise auch leichter eine innere Zufriedenheit einstellen.

Prädigitale Zeit

Wie war das Leben vorher? Was haben wir gemacht, wenn wir eine Information benötigten oder wissen wollten, wie das Lied heißt, das gerade läuft? Wie haben wir die Zeit überbrückt, während wir auf den Zug warteten, wenn wir in der U-Bahn oder für ein paar Minuten allein am Tisch im Restaurant saßen? Wie haben wir kommuniziert, wenn wir dringend jemand erreichen mussten, aber niemand zu Hause war; wenn wir uns verspäteten oder das Treffen kurz vorher absagen mussten? Was haben wir gemacht, wenn wir am anderen Ende der Erde Heimweh hatten oder den Weg nicht kannten? Wenn wir einen besonderen Moment erlebten und diesen gern festhalten wollten?

Das analoge Leben ließ auch mal Fragen offen.

Das analoge Leben ließ uns auch mal warten oder sogar sitzen.

Das analoge Leben ließ uns auch mal mit uns und unseren ungewollten Gefühlen allein.

Und das analoge Leben hat so manchen schönen Moment mit uns allein geteilt.

Wir mussten geduldig sein, uns zurücklehnen, Dinge akzeptieren und uns im Warten üben.

Doch es hat funktioniert.

Nur anders.

Das Leben war langsamer, reizärmer, greifbarer, geschützter und vielleicht auch verbindlicher. Und natürlich auch weniger vernetzt, stärker begrenzt, aufwändiger und komplizierter.

Sowohl der Horizont als auch die weite Welt sind mit dem Smartphone in der Hand viel näher gerückt.

Ich kann es mir kaum noch vorstellen, auch wenn ich mich erinnern kann: Aus der Telefonzelle meine Eltern anrufen, nur zu Hause erreichbar sein, Momente nur dann in Bildern festhalten können, wenn ich eine Kamera bei mir hatte, die Lieblingslieder auf Kassetten aufnehmen, um sie jederzeit anhören zu können, sich für den Kauf eines Bahntickets an der Schlange des Bahnschalters anstellen, Menschen nur dann sehen können, wenn sie vor Ort waren ...

Während die Trennung von analog und virtuell vielen bewusst ist, erfolgte deren allmähliche Aufweichung so radikal und subtil gleichermaßen, dass dieser Prozess kaum auffiel. Sukzessive kamen Funktion um Funktion und App um App hinzu und allmählich wurden die Geschwindigkeit der Datenübertragung schneller, der Zugang einfacher, die Speicherkapazitäten größer, die Nutzung günstiger und unser virtueller Fußabdruck deutlicher.

Stellenwert des Smartphones

Inzwischen ist das Smartphone aus unserem Alltag nicht mehr wegzudenken: Wir kommunizieren, fotografieren und navigieren. Wir recherchieren, organisieren und informieren uns. Wir suchen und finden. Wir kaufen und verkaufen. Wir bezahlen und überweisen. Wir *streamen*, wir *gamen*, wir *daten*. Wir hören Musik und Podcasts. Wir analysieren den Trainingsfortschritt und unser Schlafverhalten. Wir öffnen die Haustür und steuern das Licht. Wir stellen uns dar und werden gemobbt. Wir buchen Tickets für Züge, Konzerte, Fußballspiele. Wir planen den Alltag und den Urlaub. Das Smartphone ist Wecker, Taschenrechner und Schrittzähler. Notiz- und Adressbuch, Hörbuch und Buchungsportal. Und selten nutzen wir es auch als Telefon.

Innerhalb weniger Jahre wurden zahlreiche Facetten unseres Lebens digitalisiert. Und *plötzlich* leben wir in einer Welt, in der unser privates und berufliches Miteinander, unsere Organisation und Verbindlichkeit und unsere Planung und Meinungsbildung ohne Smartphone vermeintlich nur noch schwer möglich sind.

Sind wir abhängig geworden?

Aus dem kleinen Telefon in der Hosen- oder Handtasche ist längst ein vollwertiger Computer geworden. Ein Werkzeug mit so vielen Funktionen, dass wir es immer bei uns tragen wollen – und inzwischen immer öfter sogar müssen, um unseren Alltag bewältigen zu können.

Wie oft verlässt du ohne Smartphone dein Zuhause?

Wie stark ist dein Bedürfnis für vermeintliche Notfälle oder dringende Nachrichten erreichbar sein zu wollen?

Und wie groß ist das Gefühl von Sicherheit und Geborgenheit, das die schlichte Präsenz dieses Geräts über die Möglichkeit zur Interaktion vermittelt?

Vielleicht brauchen wir manchmal einfach etwas zum Festhalten. In jedem Fall verändert diese Allgegenwärtigkeit der virtuellen Welt unseren Alltag: Hier noch kurz etwas lesen, da noch schnell etwas kommentieren. Hier noch etwas *posten*, da den *Post* einer anderen speichern. Wir rufen nicht mehr an, sondern verabreden uns zum Telefonieren. Wir klingeln nicht mehr an der Haustür, sondern schreiben, dass wir jetzt da sind. Wir klappen den Laptop nur noch zu und fahren ihn nicht mehr runter. Uns selbst auch nicht. Mit dem entgrenzten Büro in der Hosentasche und dem Privatleben im Büro sind wir überall überall.

Das Smartphone verbindet uns miteinander und bindet

uns daher immer fester an sich selbst. Es begleitet uns vom Aufwachen bis zum Einschlafen; zu Hause, während der Arbeit, unterwegs – immer und überall. Es reicht in immer mehr Lebensbereiche, Orte und Uhrzeiten hinein und vereint Familie, Büro, Freundeskreis und den Rest der Welt. Es bündelt unser Leben in Daten, Dateien, Buchstaben, Fotografien und Videos. Es ist unser Tor zur Welt und unsere unauffällige Flucht aus der Realität. Heute sind wir eigentlich immer online. Oder zumindest nie weit davon entfernt – maximal einen Griff oder eine Person weit.

Verbindung zu meiner Ur-Großmutter – auch ohne Internet

Ich kann mich noch erinnern, wie in den 90er-Jahren das tragbare Telefon das Schnurtelefon mit Drehscheibe ablöste und wie futuristisch die Vorstellung war, man könne die Person am anderen Ende der Leitung sehen – dabei war das kabellose Telefonieren für meine Ur-Großmutter sicherlich einst genauso futuristisch wie meine Tagträumerei von Bildtelefonie. Skype gibt es seit 2003, Zoom seit 2011. Meine Ur-Großmutter wurde im Jahr 1908 geboren. Sie ist neunzig Jahre alt geworden. Unsere Lebensspannen haben sich dreizehn Jahre überschnitten. Doch unsere Leben könnten unterschiedlicher nicht sein, sodass man glauben könnte, es lägen viel mehr als nur zwei Generationen zwischen uns. Auch weil die technische Entwicklung im letzten Jahrhundert so rasant vorangeschritten ist, war ihr Leben so anders als meins und ist mein Leben so anders als das ihre.

Vielleicht sind die unterschiedlichen Lebensereignisse größer als die gemeinsamen Gene.

Vielleicht aber auch nicht.

Meine Ur-Großmutter hat zwei Weltkriege erlebt, im zweiten ihren Mann verloren, fünf Kinder allein – und später mithilfe ihrer ältesten Tochter, meiner Großmutter – großgezogen. Sie hat mitbekommen, wie Wasser, Strom, Telefon und der Fernseher zunächst in das öffentliche Leben und schließlich in ihre kleine Welt einzogen, sie hat die Einführung des Internets miterlebt und hätte die letzten fünfzehn Monate ihres Lebens sogar googeln können.

Sie war eine stille Frau und heute wünschte ich, ich hätte mehr gefragt und sie hätte mehr erzählt. Doch ich war zu jung und sie zu alt. Ich zu wenig reflektiert und sie wollte wahrscheinlich nicht über die schweren Geschichten reden, die sie mit den Menschen ihrer Generation teilte. Erst teilten sie das Schicksal und dann das Schweigen. Über Leid sprach man nicht gern, schon gar nicht mit Kindern. Und doch geben wir so manches auch unausgesprochen weiter.

Denn vielleicht verbinden die gemeinsamen Gene mehr als Lebensereignisse sich unterscheiden können.

Vielleicht aber auch nicht.

Das Leben meiner Ur-Großmutter war beschwerlicher und anstrengender sowie langsamer und greifbarer als meins, das ich 77 Jahre später als sie lebe. Mein Leben, zumindest ein Teil davon, ist in irgendwelchen digitalen *Clouds* gespeichert, die ich zwar öffnen, aber nicht anfassen kann – dort horte ich massenweise Dokumente und Fotos. Sie hingegen hat kaum etwas hinterlassen. Nicht, weil sie so gut aussortiert hat, sondern weil sie nicht viel besaß. Damals waren die Menschen alle minimalistisch. Und nachhaltig waren sie auch. Sie mussten es sein – und das Wenige, das sie besaßen, so lange nutzen, bis es wirklich nicht mehr funktionierte. Auf dem Feuer kochen, mit den Händen die Wäsche waschen, stricken, stopfen, flicken; umfunktionieren, tauschen und *teilen* waren gewöhnliche Bestandteile ihres Alltags – kein Trend oder Verbreiten von vermeintlich Relevantem. In diesen Teilen ihres Lebens steckte viel Armut. Aber ein bisschen mehr der langsamen Einfachheit von damals und ein bisschen weniger des schnelllebigen Überflusses von heute würde der modernen Welt guttun.

Das einzige Porzellan-Service, ein weiß-blaues Teeservice, das sie besaß, haben meine Eltern mir zum dreißigsten Geburtstag vermacht. *Wieviel mehr Wert und Geschichte verbirgt sich in diesen Tellern, Untertassen und Tassen verglichen mit dem gewöhnlichen Service in unserem Küchenschrank?*

Es ist zerbrechlich, unersetzlich, zeitlos. Es erzählt Geschichten, die meine Ur-Großmutter nicht mit mir teilte. Und ganz ohne Verbindung stellt es Verbundenheit her. Ein Teil von ihr lebt weiter. Denn auch unausgesprochene Geschichten überdauern die Zeit – im Porzellan, in Gedanken und wahrscheinlich auch in den Genen. Denn sie verbinden Menschen miteinander und schreiben Geschichten in Gesichter.

Im Jahr 2015 feierte ich meinen dreißigsten Geburtstag. Zu diesem Zeitpunkt besaß ich noch kein Smartphone und mein Leben war dem meiner Ur-Großmutter zumindest durch diese Gemeinsamkeit rückblickend um ein Vielfaches ähnlicher. Erst vor kurzem habe ich in der *Cloud* ein Foto von diesem Geburtstag gefunden, auf dem ich auf meinem alten Handy die SMS mit Geburtstagsgrüßen lese. Nur Telefonieren und SMS-Schreiben waren mit diesem Handy möglich.

160 Zeichen – sonst wurde es schnell teuer.

Für mehr nutzte ich es nicht.

Für mehr brauchte ich es nicht.

Mehr ging einfach nicht.

Nur wenige Jahre später ist dies unvorstellbar.

Das Leben war anders. Das Leben ist anders geworden. Unser Miteinander auch.

Im Frühjahr 2016 kaufte ich einer Freundin ihr altes Smartphone ab.

Legale Junkies: Das Smartphone als gesellschaftlich akzeptierte Droge

Längst vibriert, blinkt und klingelt es überall. Auf meinem Display und in den Händen und Hosentaschen, um die Handgelenke und in den Ohren um mich herum.

Farbenfrohe Welt!

Hier noch ein Herzchen, da ein Vorschlag für das nächste Video, das der Algorithmus treffend lädt und fraglos anspielt. Ein *Match*, ein *Like*, eine neue Freundschaftsanfrage – die digitale Welt ist wie ein bunter Rummel: Alles leuchtet, verlangt nach unserer Aufmerksamkeit und verlockt mit kurzzeitig gutem Gefühl. Es ist wie Zuckerwatte fürs Gehirn – eine schnelle Belohnung – immer griffbereit, vollkommen anstrengungslos und unmittelbar spürbar.

Wie seicht unser Leben ist.

Wie leicht unser Leben geworden ist.

Und wie schwer es sich doch manchmal anfühlt.

Verrückt, oder?

Ist es ver-rückt?

Medialer Sog

Im Jahr 2016 ließ ich die vielen smarten Funktionen meines neuen alten Geräts nahezu ungenutzt und freute mich lediglich über den plötzlich so einfach gewordenen Austausch von Nachrichten und Fotos in Messenger-Diensten, der *sogar* die Kommunikation in Gruppen ermöglichte. Doch im Laufe der letzten Jahre hat sich die ausweitende Nutzung aufgrund der vielen Möglichkeiten, Funktionen und den damit verbundenen Erleichterungen förmlich verselbstständigt: Ich installierte zahlreiche Apps auf dem Smartphone, übertrug weitere Funktionen an das Handy und schenkte somit der Welt hinter dem Display immer mehr meiner Zeit – die ich an anderer Stelle vermisste.

Heute verliere ich mich in meinem *Telefon*: In den Apps,

Newsfeeds und Bildern, in der unendlichen Weite der vielen Seiten, die ich nicht umschlagen kann, die mich aber in ihrer Masse erschlagen. Ich verliere mich in der Sinnlosigkeit trotz Müdigkeit.

Ein ungeöffneter Briefumschlag, der farbig leuchtende Hinweis, dass ich heute fünfjährige Facebook-Freundschaft feiere, eine Rechnung.

Das war's.

Das kann doch nicht alles gewesen sein.

Ich lasse mich treiben; suche weiter in der uferlosen Weite, die niemals schläft. Das Display wird nicht dunkel und die Neuigkeiten werden nicht alt. In der digitalen Welt gibt es unaufhörlich Neues, denn irgendwo ist immer Tag, oder die Nacht noch wach.

Doch die oberflächlichen Clips und inhaltslosen Worte prallen an mir ab. In der Welt hinter dem Display inspiriert nichts mehr, informiert nichts mehr, kommuniziert nichts mehr. Die Belohnung bleibt aus, das Smartphone an. Ich hänge am leeren Tropf. Ausbleibendes Dopamin. Der leere Tropf pumpt Luft ins Blut. Mir geht's nicht gut.

Oft greife ich ohne Absicht zum Smartphone. Und somit ist es das Nachsehen, ob sich in der virtuellen Welt etwas ereignet hat, auf das ich nicht gewartet habe. Es ist das blinde Laufen meiner Finger über das gläserne Display, die beliebig auf bunte Symbole tippen, wodurch sich Welten eröffnen, aus denen ich nichts ziehe. Ich suche ohne Sinn und ohne Ziel – sogar ohne Erwartung. Ich suche nicht einmal: Ich bewege mich einfach nur zum Zeitvertreib. Denn ich lese die digitalen Texte nicht wirklich, ich springe nur von Überschrift zu Überschrift. Sie halten mich über Wasser, damit ich in der Informationsflut nicht untergehe.

Oder bin ich das längst?

Die Bewegungen auf dem Display halten sich selbst gekonnt unproduktiv in Bewegung, ohne zu erschaffen, ohne zu konsumieren. Sie haben sich verselbstständigt. Das digitale Fingerspiel ist zum Zeitvertreib geworden, der mir oft nicht guttut. Im ständigen Multitasking und als Getriebene der virtuellen Welt, bin ich unsicher, ob es durch das *World Wide Web* keine Langeweile mehr gibt, oder ob ich viel öfter gelangweilt bin, als es mir bewusst ist. Dieses ständige Scrollen, Klicken, Öffnen und Schließen verfolgt kein Ziel und stiftet viel zu oft keinen Mehrwert.

Es ist Ablenkung.

Es ist eine undefinierte Suche.

Es ist das unermüdliche Warten auf das nächste gute Gefühl in der Unendlichkeit unserer virtuellen Parallelwelt, in der wir alle herumstreunen, ohne uns wahrhaft zu begegnen.

Es ist eine absichtslose Beschäftigung, die mich viel fester im Griff hat als ich mein Smartphone in den Händen halte.

Manchmal rutscht es mir aus der Hand.

Und manchmal ist das das Beste, was mir passieren kann.

Schwindel der digitalisierten Welt

Das ist keine Ausnahme.

Ich bin keine Ausnahme.

So läuft das heute eben.

Oder?

Der Blick aufs Smartphone ist zu unserer Dopaminpumpe geworden: Es ist die kleine legale Droge zum Wachwerden, zum Frühstück, für zwischendurch, für das Mittagstief, für den Feierabend, zum Einschlafen. Sie ist so klein und unauffällig, dass wir sie kaum wahrnehmen, und mit der ständigen Erreichbarkeit zwingen wir uns förmlich gegenseitig zum Konsum. Wir lieben den Kitzel zwischendurch, nein, wir brauchen ihn förmlich. Wir haben uns an die Versuchungen, die Bestätigungen und an die Resonanz einer anonymen Welt, die wir nicht anfassen, nur oberflächlich berühren können, gewöhnt. Ohne uns als solche bezeichnen zu müssen, sind viele von uns zu *digitalen Junkies* geworden; längst hineingezogen in den Sog des Virtuellen und die benebelnde Beschleunigung, den Schwindel und die betäubende Langeweile, die diese neue Normalität mit sich bringt.

Plötzlich offline

Dass es heutzutage noch Orte ohne Internetverbindung gibt, erreicht die Automatismen meiner Nutzung nicht. Auch ohne Empfang verhalte ich mich auf meinem Smartphone, als hätten sich die Neuigkeiten aktualisiert. Meine Finger laufen die gebahnten Wege über das Display und mein Gefühl von ständiger Erreichbarkeit hofft so lange auf Empfang, bis mein analoges Ich endlich realisiert, dass es nur leere Bewegungen sind, die ergebnis- und erwartungslose, doch hoffnungsvolle Automatismen abspulen: Mich erreicht gerade nichts und ich kann auch nichts senden. Damit fühle ich mich fast von der Außenwelt abgeschnitten.

Ich bin mit mir allein.

Oder endlich mal wieder mit mir zusammen.

Es dauert eine Weile, bis ich das akzeptieren kann. Bis innerlich Ruhe einkehrt, ich mich in den leeren Raum fallen lassen und in diesem Augenblick diesen Augenblick in meinem Leben genießen kann.

Und dann denke ich mir: So war es früher immer. Für uns alle. Und es war ganz einfach, weil es diese leuchtende, sich ständig aktualisierende, animierende digitale Alternative nicht gab. Was wir nicht kennen, können wir nicht vermissen. Was wir kannten aber schon. Und ehrlich gesagt: Hin und wieder vermisse ich diese Zeit, in der wir alle offline waren und uns dennoch verbunden fühlten.

Wir können die Zeit nicht zurückdrehen und ich möchte gar nicht alle Stecker ziehen, aber finde doch, dass die punktuelle Sehnsucht nach der Ruhe des analogen Lebens Raum haben darf.

Dass ich für einen Abend mein Smartphone ausschalte und es in eine Schublade außer Sichtweite lege, das meine ich nicht. Was ich meine, ist das kollektive Offline-Sein, in dem wir nichts verpassen können und auch nichts nachholen müssen. So, wie in den Anfängen der Digitalisierung, als sich die virtuelle Welt langsamer drehte.

Bis vor wenigen Jahren war das so.

Hatten wir deshalb mehr Zeit?

Mehr Ruhe, inneren Dialog und Raum zum Verarbeiten von Eindrücken?

Mehr echte Feierabende?

Natürlich könnten wir es auch heute noch so halten. *Abschalten* geht an sich ganz einfach, aber irgendetwas zieht uns immer wieder zum Smartphone, Tablet oder Laptop in das Online-Dasein mit der Anbindung an die virtuelle Welt.

Was hat es mit diesem Sog auf sich?

II

Aufmerksamkeitsökonomie: Von der Anziehung digitaler Medien über ihre Sogwirkung bis hin zur Sucht

Anziehungskraft des Smartphones // Fünf Gründe, warum ein kleines Gerät in so kurzer Zeit so viel verändert hat

Wie von selbst findet das Smartphone in unsere Hosen- oder Handtaschen, auf den Nachttisch und über den Nachtisch, in unsere Gedanken und in unsere Beziehungen. Das Nachschauen nach digitalen Neuigkeiten ist einerseits zu einer aufregenden Gewohnheit und andererseits zu einem lästigen To-do-Punkt geworden.

Die Digitalisierung war – und ist noch immer – ein subtiler Wandel mit radikalen Veränderungen, durch den eine neue Normalität entstanden ist.

Bei einem Vortrag in der Oberstufe zum Thema *Verantwortungsbewusster Umgang mit digitalen Medien* fragte ein Schüler: „Dass ich es benutze, ist ja okay. Aber wie kann es sein, dass auch mein Vater den ganzen Tag sein Smartphone in den Händen hält? Das kann doch nicht sein."

Tja, wie kann das sein?

Wie kann es sein, dass eine Technologie, die erst verhältnismäßig kurz existiert, einen so großen Einfluss und eine so starke Anziehung auf uns ausübt?

Wie kann es sein, dass sich das Smartphone einen Weg in fast jede Lücke unseres Alltags und in die tiefsten Windungen unseres Gehirns gebahnt hat?

Und wie kann es sein, dass dieses kleine Gerät unser Verhalten so spielerisch verändert hat und inzwischen grundlegend bestimmt?

Fünf Gründe, warum die Anziehung des Smartphones so stark ist:

1.) Funktionsvielfalt

Frage ich die Teilnehmenden meiner Achtsamkeitsseminare, womit sie sich die Anziehung erklären, werden meistens die Handlichkeit gepaart mit den vielen Funktionen des Smartphones, die Möglichkeit der Erreichbarkeit in Notfällen sowie die allgemeine Verbreitung und gesellschaftliche Teilhabe genannt. Es ist also einfach sehr praktisch, so einen kleinen internetfähigen Computer immer bei sich zu haben. Doch neben diesen Gesichtspunkten tragen weitere Aspekte entscheidend dazu bei, dass das Smartphone heutzutage einen so besonderen Platz in unseren Leben einnimmt.

2.) Die Sehnsucht nach Zugehörigkeit und Anerkennung: Unsichtbar immer verbunden

Zugehörigkeit ist ein menschliches Urbedürfnis und schon immer lebten die Menschen in kleinen überschaubaren Gruppen und alten Verbundsystemen zusammen, weil dies das Überleben sicherte. Wo die geforderte Flexibilität des modernen Lebens uns räumlich trennt, verkörpert heutzutage das Smartphone diese soziale Verbundenheit durch ständige Erreichbarkeit und die damit verbundene Möglichkeit zur Kommunikation. Über dieses virtuelle Überwinden räumlicher Distanz hinaus, ist jede Kurznachricht und E-Mail, jedes Herz, *Like* oder *Match*, jedes Folgen oder Abonnieren eine zwischenmenschliche Interaktion, die das Gefühl von Zugehörigkeit und Anerkennung ausdrückt: Jemand denkt an mich oder findet mich oder mein Tun gut.

Betrachtet man das mit gesundem Menschenverstand, ist diese Art der Interaktion ein recht absurder Austausch und oberflächlicher Maßstab für Zugehörigkeit. Doch unser Gehirn glaubt den kleinen Symbolen des Displays und wir glauben den guten Gefühlen, die sie in uns auslösen.

Wir sind soziale Wesen und als solche wollen wir dazugehören. Diese Ursehnsucht wird durch die Möglichkeiten digitaler Medien gestillt und ist der Kern ihrer großen Anziehungskraft.

3.) Was passiert da im Gehirn? Dopamin und die vermeintlich guten Gefühle aus dem Smartphone

Jedes Mal, wenn unser Smartphone klingelt, blinkt oder

brummt und auch jedes Mal, wenn wir es einfach so in die Hand nehmen und es etwas Neues gibt – und das ist letztlich immer der Fall – schüttet das Belohnungszentrum in unserem Gehirn den Neurotransmitter Dopamin aus. Das fühlt sich gut an, denn Dopamin bewirkt ein gutes Gefühl und belohnt somit unser Verhalten. Dieses gute Gefühl verstärkt unsere Handlung positiv und motiviert dadurch zur Wiederholung. In der Folge bedeutet das: Wir schauen öfter auf das Smartphone, surfen öfter im Internet oder agieren häufiger in den sozialen Netzwerken.

Das Gleiche passiert, wenn wir über den Computer die digitale Welt verfolgen oder Computerspiele spielen. Dann werden wir den PC immer öfter hochfahren – oder gar nicht mehr runter – und dort unsere *Social-Media-Accounts* und den Posteingang auf Neuigkeiten prüfen oder das Spiel mit der Hoffnung auf die nächsten Erfolge fortsetzen. Mit dem Unterschied, dass wir unseren PC nicht überall mitnehmen können. Doch das müssen wir nicht hinnehmen: Wenn das digitale Medium nicht tragbar ist, dann bleiben wir einfach bei ihm.

Unvorhersehbare Belohnungen sind in der digitalen Welt allgegenwärtig. Das gesamte Internet besteht förmlich aus unerwarteten Belohnungen:

Welche Nachricht verbirgt sich hinter dem rot leuchtenden Punkt? Wie kommen meine Beiträge im Netz an? Ist das nächste Match bei Tinder die Liebe meines Lebens? Hat sie oder er schon geantwortet? Wie viele Likes hat das Foto von mir erhalten? Was ist sonst so in der Welt passiert?

Im Internet sind die Belohnungen garantiert: Wir wissen, *dass* wir belohnt werden, aber nicht wann und womit. Es ist genau diese Unvorhersehbarkeit mit der zufälligen Möglichkeit auf einen großen *Gewinn*, die die Welt hinter dem Display so spannend macht. Das Prinzip der zufälligen Belohnung wird auch *intermittierende Verstärkung* oder *Random Reward* genannt. Würden wir bereits wissen, was uns erwartet, würde das

Nachsehen schnell an Reiz verlieren. Glücksspielautomaten funktionieren nach genau diesem Prinzip: Wir könnten Erfolg haben, wissen nicht wann, aber bereits das Wissen auf die Möglichkeit, reicht für die Freisetzung von Dopamin.
In einer Welt, in der nahezu alles immer schneller funktioniert, müssen wir auch auf einen digitalen Glücksmoment nicht lange warten. Bei so vielen Möglichkeiten der Interaktion und Neuigkeiten zu erfahren, kommen wir schon irgendwie zu unserem guten Gefühl.

Ob uns diese virtuelle Resonanz wirklich glücklich macht, sei dahingestellt.

Und auch, ob das kleine Glücksgefühl nicht genauso schnell verpufft wie ein Beitrag im Newsfeed.

Und doch erscheint uns dieses unmittelbare gute Gefühl oft verlockender, als Dinge zu tun, bei denen sich das Glück erst einstellen muss. Denn uns gefallen die guten Gefühle aus dem Display vielleicht gerade deshalb so gut, weil sie der Blick in die digitale Welt so anstrengungslos liefert. *Wo sonst erfährt unser Gehirn mit derart wenig Energieverbrauch eine so große Belohnung?*

Das *Dopamin aus der digitalen Welt* ist das *Glück to go*, das wir uns mal schnell nebenbei aus der Tasche ziehen; das *Instant-Dopamin*, das sich so wunderbar anstrengungslos in unsere beschleunigte Welt einfügt und die Lücken füllt.

4.) Die neue kollektive Gewohnheit: Der unbewusste Griff zum Smartphone

Während wir einerseits wie konditioniert reagieren, wenn es klingelt, vibriert oder blinkt, und wir unsere analoge Gegenwart und unser Gegenüber förmlich aus den Händen fallen lassen, greifen wir andererseits aus einem unbewussten Automatismus zum Smartphone: Beim Warten am Bahnsteig, beim Essen, bei der Arbeit, auf der Straße. Wenn wir allein sind, uns langweilen oder ablenken wollen. Beim Kinderwagenschieben, wenn die Tochter rutscht, schaukelt, ausrutscht oder der Sohn die ersten Schritte macht. Immer öfter verpassen wir die analoge Wirklichkeit. Aber in Wirklichkeit bemerken wir das gar nicht.

Wir befinden uns im Autopilot-Modus, der sich selbst nicht reflektiert.

Unser Gehirn lernt durch Wiederholung. Und wir haben den Griff zum Smartphone binnen weniger Jahre absichtslos so intensiv eingeübt und automatisiert, dass er oftmals ganz von selbst passiert. Denn alles geht blitzschnell: Das Display wird per Fingerabdruck oder mit einem Blick entsperrt und Apps öffnen sich mit einem Klick. Es gibt kein Warten mehr. *Ist deshalb kein Gedanke daran mehr möglich oder nötig, ob unser Tun sinnvoll oder zielgerichtet ist?* Mit dem unbedachten Griff zum Smartphone schauen wir lediglich, was es in der digitalen Welt so gibt, und werden von der unbewussten Hoffnung geleitet, dass es etwas Neues gibt, das uns persönlich betrifft.

Wenn wir nach dem Wachwerden, während des Zähneputzens, an einer roten Ampel, in der Schlange der Bäckerei oder in den Arbeitspausen grundlos das Smartphone zücken, entgleist uns die analoge Wirklichkeit und der geistige Spaziergang kommt uns abhanden – das Schlendern, das Tagträumen und das geistige Aufräumen. Oft füllen wir mit dem reflexartigen Griff einen vermeintlich leeren Moment. Wir glauben, dass wir in der Welt hinter dem Display die Luft aus dem Alltag lassen können, Atem holen oder die Zeit mit dem Klicken zwischendurch besser nutzen können. Doch diese kleinen Momente des Wartens, der Pause oder des Nichtstuns sind wichtige Leerzeichen in unserem Leben, die wir mit dem Übertreten in die digitale Welt ausradieren. Wenn der lückenlose Alltag eine neue Normalität geworden ist, leben wir ein LebenohneLeerzeichen. Mit dem Smartphone in der Hand reihen wir Wort an Wort und schreiben damit eine unleserliche Lebensgeschichte, die im Virtuellen vielleicht gut klingt, doch in Wahrheit verschwimmt.

In der Realität fehlen die Zwischentöne, die Atempausen.

Es fehlt Raum.

EsfehlendieLeerzeichen.

Haben wir in dieser modernen Welt die Geduld und das Warten verlernt?

5.) Unsere Beziehung zum Smartphone: Kann uns jemand näher sein?

Die vielfältigen Funktionen sowie das Erleben von Zugehörigkeit und Anerkennung und die damit verbundenen *guten Gefühle aus dem Display* bewirken den unbewussten Griff zum Smartphone und haben damit eine neue kollektive Gewohnheit erschaffen. Dadurch nimmt das Smartphone einen besonderen, einen *eigenartigen* Platz in unserem Leben ein.

So ist es einerseits die Beziehung zu anderen, die durch die Möglichkeiten der Interaktion den Reiz des Smartphones ausmacht, andererseits besteht auch eine merkwürdige Beziehung zwischen uns und unserem Handy, die wir durchaus hinterfragen sollten.

Klingt verrückt?

Für viele Menschen ist das Smartphone längst viel mehr als nur ein Gerät: Wir verlassen immer seltener ohne Handy das Haus, tragen es direkt am Körper, berühren es zig Mal am Tag und streichen über das Display. Oft ist es abends der letzte und morgens der erste Gegenstand, den wir berühren. Wir wollen es in unserer Nähe haben, zumindest aber wissen, wo es ist. Das Smartphone bündelt unser Leben, ermöglicht Interaktion und sendet uns ein virtuelles Echo unseres Ichs – es kennt die Nummern unserer persönlichen Kontakte, es speichert unsere Fotos, Dokumente und Notizen, es bestimmt unseren Standort, weiß, ob wir gut geschlafen haben und was wir gut gebrauchen könnten.

Wenn Schüler*innen äußern, ihr Smartphone für die Zeit von zwei Unterrichtsstunden abzugeben, fühle sich an, als würde ihnen ein Körperteil weggenommen; wenn ein Teilnehmer meines Workshops berichtet, dass immer weniger junge Menschen eine Ausbildung in seinem Betrieb beginnen, da sie aus hygienischen Gründen ihr Smartphone im Spint einschließen müssen, dann wird deutlich: Zeitweise ohne Smartphone zu sein, ist vor allem für immer mehr junge Menschen unvorstellbar, weil sie damit aufgewachsen sind und ein Leben ohne Smartphone nicht kennen. Dieses Phänomen, also die Angst ohne Smartphone, und somit auf digitalem Weg unerreichbar zu sein, kann sich in Unruhe, Stress, oder Nervosität äußern und wird als *Nomophobie* bezeichnet – eine Abkürzung für *No-Mobile-Phone-Phobia.*

Denn unsere Beziehung zum Smartphone ist eine andere als die zum Fernseher oder zum Auto. Es ist etwas Persönliches, Intimes, Andauerndes und bleibend Intensives. Wir haben uns so aneinander gewöhnt, ihm unendliches Vertrauen geschenkt, so viel auf und mit ihm geteilt, ihm anvertraut, auf es übertragen, sodass wir es nahezu immer bei uns tragen. Das Smartphone hütet unser Leben und passt vermeintlich gut auf uns auf. Wir fühlen uns sicher, wenn wir es bei uns tragen. Es ist ein undefinierter Teil von uns selbst und unserem Leben geworden.

Einer Seminarteilnehmerin war ihr Handy in die Toilette gefallen und sie erzählte, dass ihr erster Gedanke war, dass sie ihr Leben gerade im Klo versenkt hat. Eine andere Teilnehmerin berichtete, dass Smartphones heute immer häufiger eine gewünschte Grabbeigabe seien.

Warum?

Weil es offensichtlich nicht nur Teil des Lebens, sondern vielmehr Teil der Person gewesen ist.

Das mag absurd klingen. Doch die ständige Präsenz des Mobiltelefons bindet uns und unsere Handys immer mehr und näher aneinander.

Unter anderem weil das Smartphone in vielen Bereichen unverzichtbar geworden ist, haben wir eine gewisse Abhängigkeit entwickelt. Vielleicht sind wir inzwischen mehr mit unserem Smartphone verwachsen als uns bewusst ist. Und vielleicht sollten wir unser Smartphone öfter einfach mal zu Hause lassen, ausschalten und beiseitelegen, um zu erkennen, ob es dann nicht nur aus den Augen, sondern wirklich auch aus unserem Sinn ist.

Achtsamkeit für den Umgang mit digitalen Medien

Aufgrund der unzähligen Funktionen und großartigen Erleichterungen nutzen wir das Smartphone inzwischen vollkommen selbstverständlich, doch auch allzu oft gedankenlos. Denn die Allgegenwärtigkeit des Smartphones macht etwas mit uns, unserem Gehirn, unserem Miteinander, unserem Leben. Deshalb ist es wichtig, dieser neuen Normalität mit Achtsamkeit zu begegnen und einen guten individuellen Umgang mit digitalen Medien zu entwickeln.

Können wir beim Rausch jener digitalen Dopaminfeuer noch analoge Freuden entdecken und empfinden? Und können wir, wenn wir sie in einem Bruchteil von Sekunden mit unzähligen Menschen digital teilen könnten, diese Glücksmomente noch ganz für uns bewahren und einfach still genießen?

Es erfordert Achtsamkeit, innere Ruhe und Selbstgenügsamkeit, sich zeitweise aus der digitalen Welt und der damit einhergehenden Verbindung zu anderen, der Beziehung zum Smartphone selbst und den oberflächlichen Belohnungen der digitalen Welt zurückzuziehen und kleine Lücken sowie leere Momente wieder zuzulassen und genießen zu lernen.

Es lohnt sich!

Und es ist umso wichtiger, je schwerer es uns fällt.

Addictive Design // Wie äußere Mechanismen uns an die digitalen Geräte binden und welche Absicht dahintersteckt

Im Rahmen meines Vortrags *Verantwortungsbewusster Umgang mit digitalen Medien* an einer Schule berichtete ein sechzehnjähriger Schüler: „Nur noch das eine Video, doch dann wurde mir ein weiteres und noch eins und noch eins vorgeschlagen. Ich habe das Smartphone erst um drei Uhr nachts weggelegt."

„Und wie hast du dich gefühlt?", fragte der Lehrer.

„Scheiße", war seine Antwort.

Um acht Uhr war Schulbeginn.

Er sah müde aus.

Eine Seminarteilnehmerin berichtete, wie sie sich nach einem anstrengenden Arbeitstag auf der Couch in den sozialen Medien verlor und erst durch den Griff in die leere Schokoladenverpackung wieder in der analogen Wirklichkeit auftauchte.

Ich möchte nur kurz online das Wetter checken und bleibe an anderen Apps hängen, die scheinbar Wichtiges, Dringliches und Persönliches bereithalten. Zwanzig Minuten später tauche ich aus der virtuellen Welt auf und frage mich, was ich eigentlich machen wollte.

Digitale Medien verlocken uns. Und sie verschlucken uns.

Sie lenken uns ab. Und sie lenken uns.

Oft ohne unser Bemerken.

Das ist das Gegenteil von Achtsamkeit.

Digitales Kasino

Die Psychologie hinter den digitalen Diensten: Diese Sogwirkung ist kein Zufall. Eine gesunde Mediennutzung geht mit Selbstbestimmung und der bewussten Steuerung unserer Aufmerksamkeit einher. Doch die Entwickler*innen digitaler Dienstleistungen versuchen durch das sogenannte *Addictive Design* genau das Gegenteil zu bewirken: Sie programmieren und gestalten die Benutzeroberflächen derart, dass wir die jeweilige Anwendung möglichst oft nutzen und lange an ihr haften bleiben, wenn wir sie nutzen. Eine App soll möglichst *klebrig* sein. In der Fachsprache bezeichnet man das als *Stickiness*.

Bunt leuchtende Farben, markante Symbole und dominante Push-Benachrichtigungen ziehen unsere Aufmerksamkeit an, fordern Klicks ein und sind solche *klebrigen* Elemente. Doch es gibt noch weitere und oft ist uns nicht bewusst, welche psychologischen Prinzipien dahinterstecken.

Kein Ende in Sicht

Infinite Scrolling, Pull to refresh & Autoplay: Das Internet ist unendlich: Ein nie ausgelesenes Buch, eine durchgehend geöffnete Bibliothek, ein Kino ohne Sendeschluss, ein Laden ohne Ladenschluss, eine Datingplattform mit immer anderen Menschen, eine Spielkonsole mit immer neuen Spielen. Die Möglichkeit auf endloses Scrollen, Lesen, Schauen, Kaufen, Flirten und *Gamen* mit nie ausgehenden Beiträgen, Clips, Artikeln, Menschen oder Leveln erfordert ein aktives Beenden und somit hohe Selbstdisziplin.

Dass die eigene Begrenzung schwerer fällt als die externe, belegt das sogenannte Bottomless-Bowl-Experiment[1], das Brian Wansink im Jahr 2005 durchführte. Dabei aßen 54 erwachsene Personen Suppe – die eine Hälfte aus gewöhnlichen Suppentellern, die andere Hälfte aus Schalen, die derart präpariert waren, dass sie von den Teilnehmenden unbemerkt von unten nachgefüllt wurden. Das Ergebnis zeigte: Die Personen mit einer präparierten Schale verzehrten 73 Prozent mehr Suppe als die übrigen Probanden. Dies wird mit dem fehlenden äußeren Signal eines Endes erklärt.

Während eine Schokolade irgendwann aufgegessen ist, ist bei einem Newsfeed kein Ende in Sicht. Ein Newsfeed ist eine Zeitung, die nie ausgelesen ist. Das schlichte Wischen unserer Finger auf dem Display ermöglicht unendliches Scrollen, den sogenannten *Infinite Scroll* und der sogenannte *Pull-to-refresh*-Mechanismus, das simple Nach-unten-Ziehen für Aktualisierungen, zeigt uns unaufhörlich Neuigkeiten.

Dieser Mechanismus wird mit dem *einarmigen Banditen* von Glücksspielautomaten verglichen, bei dem sich durch das Ziehen des seitlichen Hebels die Fenster des Automaten in Bewegung setzen. Während die spielende Person am Glücksautomaten auf drei gleiche Symbole hofft, erhoffen wir uns durch den aktiven Wisch auf dem Display das Auftauchen spannender Informationen. Auch der Entwickler des *Pull-to-refresh*-Mechanismus Loren Brichter, erkennt die Parallele zum Glücksspiel und das in ihm steckende Suchtpotenzial rückblickend an.[2]

Der Wisch nach oben zum Scrollen und der Wisch nach unten zum Aktualisieren sind zwei Bewegungen, die sich längst verselbstständigt haben. Bei Videos erfolgt die Unendlichkeit gänzlich ohne äußere Aktion durch das automatische Abspielen nachfolgender Videos, der *Autoplay*-Funktion.

Anders als im Kino müssen wir nach dem Ende eines Films nicht aufstehen oder nach dem Frühstück und der ausgelesenen Zeitung unser Tagewerk beginnen.

Es gibt kein Ende mehr.

Wir dürfen bleiben.

Nein – wir sollen bleiben!

Also bleiben wir.

Und die Zeit vergeht.

Bis es drei Uhr nachts ist und uns irgendwann das Smartphone ins Gesicht fällt oder der Kopf aufs Smartphone.

Wie achtsam sind wir, wenn wir am nie endenden Tropf des digitalen Universums hängen?

Und wie gut können wir uns selbst begrenzen?

Zeitliche Begrenzung durch begrenzte Storys

Wenngleich das Internet nur wenige Begrenzungen kennt, werden diese manchmal gezielt eingesetzt, um häufiges Nachsehen zu generieren. So sind Informationen teilweise nur für eine bestimmte Zeit verfügbar. Statusmeldungen oder *Storys* auf den sozialen Medien sind Beiträge, auf die andere nur 24 Stunden lang zugreifen können – und natürlich werden wir visuell darauf hingewiesen, wenn es dort etwas Neues gibt.

Durch diese begrenzte Verfügbarkeit wird einerseits mit der Angst, etwas verpassen zu können, gespielt, der *Fear of missing out*, andererseits wird durch stets neu erhältliche Informationen und die entstehende Resonanz großzügig Dopamin *verteilt*. Doch vor allem wird die App häufiger genutzt – das Ziel des *Addictive Designs* ist erfüllt.

Beziehungsranking durch die Streaks von Snapchat

Messenger-Dienste sollen der Erleichterung unserer Kommunikation und unseres Miteinanders dienen. Inzwischen existieren jedoch innerhalb dieser Anwendungen Mechanismen, die mit sozialem Druck und sozialem Gefüge zur Nutzung einer App motivieren.

Snapchat, ein bei Kindern und Jugendlichen beliebter Foto- und Messenger-Dienst, ist eine solche App. Im dritten Quartal 2022 nutzten sie weltweit so viele Menschen wie noch nie: Rund 363 Millionen Personen öffneten sie mindestens einmal innerhalb von 24 Stunden. Das Unternehmen erzielte in diesem Zeitraum einen Umsatz von 1,13 Milliarden US-Dollar[3] – durch Werbung und bezahlte Premium-Funktionen.

Um das Versenden von Fotos und Videos, hier *Snaps*, zu erhöhen, nutzt die App sogenannte *Snap-Streaks*. Das sind Serien von *Snaps*, für deren Aufrechterhaltung sich zwei Personen innerhalb von 24 Stunden gegenseitig jeweils mindestens einen *Snap* senden müssen. Die Tage der ununterbrochenen *Kommunikation* werden gezählt und das *Addictive Design* belohnt die intensive Nutzung der App, indem die Anzahl der Tage neben dem Symbol einer Flamme dargestellt wird.

Versendet eine Person an nur einem Tag keinen *Snap*, so verfallen alle vorherigen Tage und die Flamme erlischt – egal, ob man zuvor zehn, einhundert oder eintausend Tage in anhaltendem Austausch stand. Weil die Nutzer*innen diesen hohen Wert nicht verlieren wollen, müssen sie täglich online sein und mit Filtern versehene Bilder und kurze Clips versenden. Die Flamme soll schließlich nicht erlöschen.

Darüber hinaus weist ein rotes Herz neben einem Namen darauf hin, dass man mit dieser Person seit mindestens zwei Wochen die meisten *Snaps* ausgetauscht hat.

Klingt komisch?

Nicht selten werden heutzutage auf diese Weise Freundschaften definiert und – von einer App – bewertet. Die Quantität der Interaktion bestimmt die Qualität von Freundschaft. So sind die meist jugendlichen Nutzer*innen immer in Kontakt, stets verbunden und an das Smartphone gebunden.

Die Fesseln der klebrigen Apps

Weil wir also unbewusst auf die meist unendlichen, doch teilweise begrenzten Interaktionsmöglichkeiten, auf leuchtende Signalfarben, markante Symbole sowie auf die ständige Resonanz reagieren, klicken, surfen, verweilen wir. Ein *Like*, ein Herz, eine Freundschaftsanfrage – es ist wie Glücksspiel. Am Tag oder mitten in der Nacht. Auch für Minderjährige zugänglich. Im virtuellen Raum sitzen wir in gewisser Weise alle vor Spielautomaten: Wir erhalten Belohnungen zu unvorhersehbaren Zeitpunkten, verlieren das Zeitgefühl und nicht selten auch die Kontrolle über unsere digitalen Bewegungen. So ist es gewollt. Wir sollen öfter zum Smartphone greifen, als es unsere selbstbestimmte Absicht ist. Wir sollen uns in und zwischen den vielen Apps verlaufen und das Smartphone nicht aus den Händen legen; wir sollen sehen, dass unser virtuelles Gegenüber gerade online ist, dass die Person unsere Nachricht schon gelesen hat, dass sie schreibt oder wann sie zuletzt online gewesen ist; wir sollen weiterscrollen im Newsfeed und in den Leben der Anderen – uns ihr *#foodporn* anschauen, ihre *#goodvibesonly*, ihr *#picoftheday*, ihre Haustiere, ihre Hochzeiten, ihre Laufstrecken, ihre Urlaubsfotos, ihre Schönheitsoperationen, ihren besonderen Alltag. Wir sollen ihre Gedanken lesen und wir sollen uns auch das nächste vorgeschlagene Video ansehen.

Warum?

Weil die App *klebrig* ist und Zeit Geld.

Die Technik ist bewusst so designt, erdacht und konzipiert, und manchmal auf Sucht programmiert, weil durch wiederholtes Handeln der Automatismus konditioniert wird. Dabei ist es unerheblich, ob es drei Uhr nachts ist und ob Erwachsene, Sechzehnjährige oder Kinder vor den Spielautomaten sitzen. Was im digitalen Kasino zählt, ist, dass wir mit unseren Händen auf dem gläsernen Display und mit unserer Aufmerksamkeit an den *klebrigen* Mechanismen hängenbleiben. Denn je länger wir uns in der virtuellen Welt bewegen, umso mehr Daten generieren wir und umso mehr und passgenauere Inhalte sehen wir, sodass wir in der Folge noch länger verweilen. Ein Kreislauf, dem zu entkommen viel Selbstdisziplin verlangt. Sind wir unachtsam, drehen wir weiter unsere Kreise auf dem flachen Display mit der unendlichen Geraden eines Newsfeeds ohne wichtige Neuigkeiten. Dieses unachtsame Spiel in und mit der virtuellen Welt ist wie Glücksspiel – das uns nicht glücklich macht.

Die Dokumentation *The Social Dilemma* beleuchtet die Auswirkungen von sozialen Medien auf die Gesellschaft und die mentale Gesundheit. Darin heißt es: *Wenn das Produkt nichts kostet, bist du das Produkt.*

Die meisten Apps, die ich benutze, sind kostenlos.

Und deine?

Rhythmus des Algorithmus // Warum wir achtsam klicken sollten und welchen Preis wir für die kostenlosen Online-Dienste bezahlen

Neben dem *Addictive Design* bewirken auch Algorithmen, dass wir häufig mehr Zeit als geplant online verbringen. Algorithmen sind in einer digitalisierten Welt allgegenwärtig. Sie analysieren und protokollieren unser digitales Verhalten, sodass wir in der Folge Empfehlungen für Seiten, Musik, Videos, *Dates*, Kleidung, Einrichtungsgegenstände, kurze Clips, Veranstaltungen, Informationen, Urlaube oder andere Inhalte erhalten, die uns mit großer Wahrscheinlichkeit gefallen. Und weil sie uns mit großer Wahrscheinlichkeit gefallen, werden wir mit großer Wahrscheinlichkeit länger als geplant online sein. Auf diese Weise wirken Algorithmen in unserem Alltag – von uns oft unbemerkt.

Voraussetzung für passende Empfehlungen ist das Wissen über uns, unsere Persönlichkeit, Interessen, Vorlieben und Schwächen, unseren Geschmack und unser Befinden. Dieses Wissen existiert oft ohne unser Wissen und so liegt unser vermeintliches Privatleben nicht nur vertraulich bei unseren Familien, im Freundeskreis oder in unseren Tagebüchern. Es liegt auch in Daten verschlüsselt bei großen globalen Konzernen. Diese riesigen Datensammlungen entstehen, indem mithilfe von programmierten Algorithmen unsere digitalen Wege und Verweildauern *getrackt* werden. Nach guter Auswertung zeichnen sie ein sehr umfassendes Persönlichkeits- und Kaufprofil von uns und sind daher von hohem kommerziellem Wert.

Warum?

Weil die Daten so viel Persönliches über uns verraten.

Wie viel?

Zu viel!

Online-Unternehmen erzielen durch den Verkauf dieser Daten an die Werbeindustrie Gewinne in Milliardenhöhe und zählen damit zu den weltweit mächtigsten Firmen. Die Werbeindustrie wiederum vermag auf Basis der Daten personalisierte Werbung zu schalten und kann damit ihren Profit steigern. Wir leben in einer Zeit der Aufmerksamkeitsökonomie. Die Anziehungskraft der Online-Welt ist nicht zufällig: Unsere Aufmerksamkeit ist zu einer Währung geworden. Die US-amerikanische Wirtschaftswissenschaftlerin Shoshana Zuboff hat dafür den Begriff *Überwachungskapitalismus* geprägt, „unter dem sie ein marktwirtschaftliches, kapitalistisches System versteht, das die mit technischen Mitteln von Menschen abgeschöpften persönlichen Daten dazu benutzt, Informationen über Verhaltensweisen zu sammeln, diese zu analysieren und für marktökonomische Entscheidungsfindungen aufzubereiten, um daraus Verhaltensvorhersagen generieren zu können und über deren Nutzung Gewinne zu erwirtschaften."[4] Für die Unternehmen ein hoher Wert, für uns ein hoher Preis. Viele Apps erscheinen zunächst zwar kostenlos – doch wir bezahlen sie mit sensiblen persönlichen Daten, unserer wertvollen Aufmerksamkeit und kostbaren Zeit.

Wie digitale Medien uns ab-lenken

Mit jedem einzelnen digitalen Schritt und Klick wird den datensammelnden Unternehmen unsere Persönlichkeitsstruktur, Lebenssituation und Biografie klarer – oftmals sogar klarer als uns selbst. Denn die digitale Datensammlung verfügt durch millionenfache Biografien über mächtige Informationen: Die Algorithmen haben unzählige Persönlichkeitstypen, Handlungsstränge und Lebenswege erfasst und ausgewertet, und werden mit jedem weiteren Klick stets intelligenter. Mit immer mehr Informationen von uns und anderen kann ein Algorithmus auch immer besser *unseren* nächsten Schritt erahnen, vorhersagen – sogar setzen. Denn die Datensätze enthalten die Erfahrungen von Millionen anderer

Menschen und wissen, wie diese sich in einer entsprechenden Situation verhalten haben.

Die digitalen Medien lenken uns zunächst ab. Und dann lenken sie uns. Sie können sogar beeinflussen, wie wir uns fühlen. Sobald ein Algorithmus erkannt hat, dass wir online Schmuck, Taschen oder Schuhe kaufen, wenn wir uns einsam oder traurig fühlen, dass wir in nächster Zeit umziehen werden oder anfällig für Glücksspiel sind, können Unternehmen uns passende Produktvorschläge unterbreiten. Auf diese Weise können wir mithilfe des Datenwissens stark beeinflusst oder sogar manipuliert werden.

Der gläserne Mensch und sein digitaler Fußabdruck

Genau wie unser analoger Fingerabdruck einzigartig ist, so ist es auch unser digitaler Fußabdruck. Je nachdem, welche Seiten oder Apps wir unter welchen Einstellungen nutzen, übermitteln wir Daten über das Bewegungs- oder Schlafverhalten, den Trainingsfortschritt oder Zyklus, die Essgewohnheiten oder irgendwelche anderen Funktionen oder Verhaltensweisen. Über diese Daten lassen sich beispielsweise detaillierte Rückschlüsse auf unseren Gesundheitszustand treffen.

Auch unsere *offenen* Fragen in den Suchmaschinen geben viel Auskunft über uns, unsere Situation und unsere Bedürfnisse:

Welche Suchmaschinen sind sicher?
Nachhaltige Geschenke
Wie lange sollte ein zwölfjähriger Computer spielen?
Beste Methoden zum Abnehmen
Bin ich internetsüchtig?
Wie halte ich unsere Liebe lebendig?
Ich kann nicht allein sein
Wie werde ich beliebter?
Wie kann ich besser durchschlafen?

Ah, Moment mal …
Ähnliche Suchanfragen:

ich kann einschlafen, aber nicht durchschlafen
abruptes aufwachen in der nacht
nächtliches aufwachen um 4 uhr
Klick.
Tick tack.
Das könnte dich auch interessieren:
besser durchschlafen hausmittel
Klick.
Tick tack.

Mitten in der Nacht, nach abruptem Aufwachen, es passiert meistens gegen vier Uhr, machen sich Glücksgefühle breit: Ich habe gerade Kapseln gegen Stress gekauft – die sollen bei Durchschlafproblemen helfen. Das Design hat mich einfach angesprochen und die Website war schön gemacht. Das passt zu mir, habe ich gedacht und schnell *zugegriffen*, da nur noch wenige Produkte vorrätig waren.

Antwort gefunden – *ist doch klasse.*

Ab morgen klappt's bestimmt mit dem Durchschlafen, denke ich, und dass ich gespannt bin, ab wann und wie sich das in der Schlaf-App bemerkbar machen wird, und schlafe hoffnungsvoll ein.

Es ist jetzt vier Uhr dreißig. Und der Algorithmus kann mich und meine Situation noch besser einordnen.

Durch unsere scheinbar unsichtbaren Fragen und Bewegungen im *World Wide Web* hinterlassen wir deutliche Abdrücke, die sich rückverfolgen lassen: Jeder Klick, jede Verweildauer, jeder Abzweig, zu jeder Uhrzeit an jedem Ort, lässt Rückschlüsse auf unsere innersten Prozesse und intimsten Fragen zu und erschafft damit eine immer detailliertere Landkarte unserer digitalen Wege und Bewegungen – und somit ein immer präziseres virtuelles Abbild unseres Selbst.

Diese Rückschlüsse auf Basis des Datenabgleichs stimmen nicht immer mit unserer analogen Wahrheit überein – doch sie können auch genau richtig liegen. Während wir in den sozialen Netzwerken das teilen, was andere von uns wissen dürfen oder sollen, oder wir uns so darstellen, wie wir wahrgenommen werden wollen, zeichnen die von uns eingegebenen Fragen und Schlagworte in den Suchmaschinen ein unverfälschtes Bild von uns selbst. Wir denken, dass uns niemand zusieht, wenn wir den Online-Suchmaschinen Fragen stellen, die wir sonst vielleicht niemandem stellen würden. Doch es schaut uns ständig jemand über die Schulter, vielmehr in unsere Gedanken, erkennt den Antrieb für sie und flüstert uns dann Ideen ins Ohr – für Produkte, Lebensberatung, Unterhaltung. Zuerst werden wir begleitet, *vielmehr überwacht*, und dann geleitet. Denn unsere Fragen lassen zielgenaue Rückschlüsse auf unsere Lebenssituation, unser Befinden und unsere persönlichen Bedürfnisse zu.

Viel näher kann man uns nicht sein.

Viel besser kann man uns nicht kennen.

Es ist eine zerbrechliche Welt, wenn sich der gläserne Mensch im gläsernen Display spiegelt.

Digitale Spurensuche

Die Dokumentation *Made To Measure – Eine digitale Spurensuche* verdeutlicht, wie weit das gehen kann: Sie zeigt ein Datenexperiment, das anhand eines fünfjährigen Google-Datensatzes eine Doppelgängerin einer Person erschafft. Die innerhalb von fünf Jahren mehr als 100.000 erfassten Datenpunkte waren dabei die einzige Grundlage für das Drehbuch. Standort, Beruf, innere Einstellungen, aktuelle Interessen, Lebenssituationen und -krisen, gesundheitliche Probleme, persönliche Umorientierung – all das war nachvollziehbar und konnte erschreckend genau ausschließlich aufgrund der bei Google eingegebenen Schlagworte und Fragen rekonstruiert und von einer Schauspielerin dargestellt werden.

Was gebe ich wann in welche Suchmaschine ein?

Was lege ich wann in welchen Warenkorb?

Jemand, *etwas*, verfolgt mich, *uns* – nach außen und nach innen – wühlt in unseren Einkaufskörben, schaut in unsere Köpfe und beobachtet die Ereignisse in unseren Leben, wie wir sie bewältigen und wie lange wir dafür brauchen, und kennt, wenn wir sie nicht bewältigen, die vermeintlich passende Lösung.

Diese Bündelung an Daten kann ein erschreckend genaues Bild der realen Person dahinter zeichnen. Sie gibt Aufschluss über uns, unseren Alltag, unseren Lebensstandpunkt. Online sind wir durchsichtig geworden, gläserne Menschen – und damit transparent, manipulierbar und zerbrechlich – deren innere Bedürfnisse Algorithmen manchmal besser kennen und einordnen können als wir selbst oder die Menschen, die uns am nächsten stehen.

Ist das schlimm?

Es kommt vermutlich auf die Absicht dahinter an.

Microtargeting, Fake News, Social Bots und Trolle

Die aus sozialen Netzwerken stammenden persönlichen Daten – was wir *posten* oder teilen, wem wir folgen, welche Clips wir uns in voller Länge ansehen, welche Beiträge wir mit *Likes* oder Herzen versehen – und die aus ihnen gefolgerten Schlüsse über unsere Persönlichkeit sind nicht nur für die Werbeindustrie gewinnbringend und von einzigartigem Wert. Inzwischen wird dieses gezielte Marketing, das sogenannte *Microtargeting*, auch in politischen Wahlkämpfen eingesetzt. Potenziellen Wahlberechtigten werden, ihren Interessen und Persönlichkeitsmerkmalen entsprechend, maßgeschneiderte Botschaften angezeigt. Die personalisierte Wahlwerbung drückt demnach teilweise völlig gegensätzliche Meinungen und Ziele aus, je nachdem, wessen Stimme sie gerade zu gewinnen versucht.

Das *Microtargeting* spielte vermutlich eine entscheidende Rolle für den Ausgang der US-amerikanischen Präsidentschaftswahl im Jahr 2018 zwischen Donald Trump und Hillary Clinton und wurde schließlich als *Cambridge-Analytica-Skandal* in der Öffentlichkeit diskutiert, da Facebook die privaten Daten von Nutzer*innen an die britische Beratungsfirma Cambridge Analytica weitergab.[5]

Damit beeinflusst das *Online-Targeting* die Gesellschaft und wenn die politischen Aussagen zwar glaubwürdig erscheinen, aber keinen anderen Zweck als den Gewinn einer weiteren Stimme haben, ist dieses Vorgehen ein bedenkliches. Zumal uns diese Hintergründe meist verborgen sind und wir jegliche Informationen auf ihren Wahrheitsgehalt prüfen müssten. Doch genau das sollten wir tun.

Denn Überschriften sind bewusst dramatisch und packend formuliert, sodass sie unsere Aufmerksamkeit auf sich ziehen und unser Interesse wecken. Je intensiver eine Überschrift wirkt, umso eher bleiben wir hängen. Doch in der digitalen Zeitung, insbesondere auf den sozialen Medien, werden komplexe Informationen meist auf kleine Online-Schnipsel reduziert. So können die unzähligen täglichen Kurzmeldungen des gesamten Globus Informationen nur stark vereinfacht wiedergeben. Sie sind oft aus dem Zusammenhang gerissen und zeigen lediglich einen Ausschnitt eines viel komplexeren Geschehens – und prägen dennoch unsere Sicht auf die Dinge. Persönlich und kollektiv: Erfährt ein Beitrag hohe Resonanz, wird das algorithmisch positiv bewertet, was wiederum die Verbreitung erhöht – die Qualität oder der Wahrheitsgehalt sind dabei sekundär – allein die Resonanz bedingt die Relevanz.

Und diese Resonanz und Aufmerksamkeit werden teilweise künstlich geschürt. So agieren einerseits *Social Bots*, Roboter, in den sozialen Medien und verbreiten Meinungen, indem sie Nachrichten verfassen, teilen oder kommentieren, anderseits beeinflussen *Trolle*, in diesem Fall *echte Menschen*, durch bewusst provokante Äußerungen zur Interaktion.

All das verdeutlicht die Bedeutung der Achtsamkeit im digitalen Kontext. Das kritische Hinterfragen und das selbstbestimmte Lenken unserer Aufmerksamkeit sollten uns bei unseren digitalen Handlungen stets begleiten.

Filterblasen und subjektive Wirklichkeit

Nochmal zurück zu den Folgen der Algorithmen: Der für uns sichtbare Ausschnitt des Internets ist vielfach ein Spiegel unseres Selbst. Für uns undurchsichtige Algorithmen filtern auf Basis unseres Verhaltens, was wir in der Bildschirmwelt sehen. Genau wie wir die analoge Wirklichkeit durch unsere subjektive Brille betrachten, so blicken wir auch virtuell in einen Spiegel, der unser Ich mit den persönlichen Interessen, Vorlieben und der eigenen Weltanschauung zu erahnen versucht.

Geben wir denselben Suchbegriff in eine Suchmaschine ein, werden uns unterschiedliche Seiten und Informationen vorgeschlagen. Suchen wir beispielsweise nach einer Regenjacke, erhalten wir unterschiedliche Produktvorschläge – entsprechend unserem bisherigen Kaufverhalten.

Durch unsere Aktivitäten im Netz und die daraus von Algorithmen ausgelesenen Muster wurde bereits eine Vorauswahl mit für uns vermeintlich Relevantem getroffen und unser Blick im virtuellen Kleidungsgeschäft gewissermaßen für uns ausgerichtet. Dieses Filtern beeinflusst unsere Wahrnehmung und lenkt unsere Aufmerksamkeit. Mit Hilfe der Algorithmen wird uns eine individuelle virtuelle Welt präsentiert, die man als *Filterblase* bezeichnet – mit Vor- und Nachteilen.

Denn es ist, als würde diese individuelle digitale Darstellung unsere Meinungen und Überzeugungen unkritisch abnicken, bestätigen und somit verstärken. Andere Sichtweisen rücken mit den vorausgewählten Beiträgen nur selten auf unseren Radar. Wir bekommen Themen angezeigt, die unserer Weltsicht entsprechen, Meinungen, die wir teilen, Musik, die wir gern hören und *Läden*, die uns gefallen. Auf den sozialen Medien erscheinen die Beiträge nicht chronologisch, sondern nach vermuteter Gewichtung unserer persönlichen Vorlieben – entsprechend unserem bisherigen Verhalten.

Angesichts der Masse an Informationen ist das einerseits hilfreich und anderseits fremdgelenkt. Eine gegensätzliche Meinung zu einem Geschehen wird uns nur schwer erreichen und bestimmte Bereiche eines *Ladens* bekommen wir kaum zu Gesicht.

Wo ist die Vielfalt und die innere Diskussion, die durch andere Meinungen entsteht?

In meiner Filterblase ist mir digital langweilig geworden. Ich möchte mal wieder nach links und rechts schauen und neue Inspirationen finden und nicht das immer gleiche, nur weil es mir gefällt. Ich möchte mal anecken, anstoßen und dadurch angestoßen werden, mich umdrehen und dabei Neues entdecken. Ich möchte mich wieder frei bewegen und nicht ständig vom Algorithmus angeleint sein. Und wenn ich eine Regenjacke gekauft habe, dann möchte ich sie nicht weitere vier Wochen digital als Produktvorschlag angezeigt bekommen.

Die Algorithmen, die richtigerweise erkannt haben, dass mich das Thema Achtsamkeit interessiert, haben zugleich fast bewirkt, dass ich dem Thema überdrüssig wurde, weil ich das Gefühl hatte, die Welt sei voll davon. Dabei war es nur meine eigene. In der Realität traf ich auf meinen Achtsamkeitsspaziergängen auf Menschen, die in jenem Augenblick ihre erste Berührung mit dem Thema machten.

Ist das der längste Text dieses Buches geworden?

Während ich über die Bedeutung und Wirkweise von Algorithmen schreibe, komme ich von einem zum nächsten – das ist wohl die allgemeingültige Konsequenz des Ganzen.

Das Thema ist facettenreich.

Und schwierig.

Es ist beabsichtigt, dass wir in der wunderbaren leuchtenden und inhaltlich für uns maßgeschneiderten Welt mit ihren sorgfältig ausgewählten Produktvorschlägen hängenbleiben sollen.

Einst waren wir *Jäger und Sammler* – heute sind die großen Internetkonzerne Datensammler und wir als Menschen ein stückweit das Werkzeug unseres eigenen Werkzeugs geworden. Die komplexen Codierungen der Algorithmen sind für den normalen Menschenverstand nicht mehr nachvollziehbar und ihre Absichten fraglich. Inzwischen kehren einige Tech-Spezialisten des Silicon Valleys der Technologiebranche den Rücken, da sie die eingesetzten Mechanismen ethisch und moralisch nicht mehr vertreten können. Sie plädieren für verantwortungsvollere Entwicklung digitaler Medien und einen sichereren Umgang mit unseren Daten. Denn im digitalen Kasino erzielen die großen Konzerne den Gewinn – und nicht die Kinder, Jugendlichen oder Erwachsenen, die vor den Automaten sitzen.

Es stellen sich die Fragen:

Wie viel Privatsphäre gewährt das Internet?

Wie selbstbestimmt können wir uns im Internet bewegen?

Wie objektiv und wahr sind die Inhalte, die wir konsumieren?

Welche Absicht steht hinter welchen Inhalten?

Welche Absichten stehen hinter den programmierten Algorithmen?

Wie kritisch können wir die uns gezeigten Informationen beleuchten, wenn sie im Spiegel unserer Weltsicht reflektieren?

Wie achtsam klicken, surfen und konsumieren wir?

Und: Können wir zwischen Selbst- und Fremdbestimmung unterscheiden?

Was können wir tun? Die Hintergründe verstehen und achtsam klicken

Das Wissen um die Mechanismen des *Addictive Designs* und der Algorithmen sind die Basis für achtsames Klicken. *Warum, für was und wie lange nutze ich das Internet?* Indem wir unser digitales Verhalten hinterfragen und ein Bewusstsein dafür bekommen, können wir uns digital selbstbestimmter bewegen.

Mit individuell angepassten Einstellungen – der Deaktivierung des Standorts, von Push-Benachrichtigungen, Empfangs- und Lesebestätigungen oder des automatischen Abspielens nachfolgender Videos oder der Aktivierung von Werbe-Blockern beispielsweise – können wir die äußeren Ablenkungen reduzieren und somit verhindern, dass wir die Apps aus extrinsischen Gründen öffnen, länger als vorgesehen verwenden und somit gelenkt werden.

Für eine größere Sicherheit unserer Daten empfiehlt sich die Nutzung von Suchmaschinen, die sie weder speichern noch verkaufen. Darüber hinaus sollten wir sensibler damit umgehen, welche Apps Einblick in welche Daten haben und welchen *Cookies* wir zustimmen.

Evolutionsbiologisch sind wir nicht dafür gemacht, die Neuigkeiten aus allen Ecken und Winkeln dieser Welt zu erfahren. Lange Zeit wussten die Menschen ausschließlich von den sie unmittelbar umgebenden und sie betreffenden Ereignissen. Heute ist das anders. Heute überrollen uns die Nachrichten, was emotional überfordernd sein kann, insbesondere weil meist von negativen Ereignissen berichtet wird. Ehe wir uns eine eigene Meinung bilden, sollte uns bewusst sein, dass wir nur einen kleinen, vorausgewählten Bruchteil der verfügbaren Informationen zu einem Thema gezeigt bekommen und nicht alles, was im Internet steht, wahr ist. Vielmehr ist es so, dass es immer mehrere *Seiten* gibt – sowohl in der digitalen als auch in der analogen Welt.

Deshalb sollten wir kritisch hinterfragen, selektieren, mit achtsamem Fingerspitzengefühl klicken und uns manchmal auch die Mühe machen, die Informationen anhand anderer Quellen auf ihren Wahrheitsgehalt zu überprüfen. Wir müssen also nicht alles glauben, was wir lesen und auch nicht alles lesen, was wir finden, und sollten stets darauf achten, welche Emotionen oder Stimmungen die konsumierten Inhalte in uns auslösen.

Ganz gleich, ob wir uns in der analogen oder in der digitalen Welt bewegen: Je öfter wir achtsam sind, also unsere Aufmerksamkeit bewusst lenken, umso selbstbestimmter gestalten wir unser Leben. Es sollte uns nicht passieren, dass wir uns selbst aus den Augen verlieren, während Algorithmen uns mit jedem Klick besser kennenlernen.

Gewohnheitsschleife // Warum der digitale Autopilot zur potenziellen Suchtgefahr werden kann

Neben den vielen Erleichterungen, die das Smartphone mit sich bringt, haben sich bei mir im Laufe der Jahre auch Automatismen eingeschlichen, die mir nicht guttun. Allen voran das ständige Prüfen meiner E-Mails. Durch meine Selbstständigkeit bekam mein Postfach eine andere Bedeutung – im Guten wie im Schlechten: Eine neue E-Mail konnte plötzlich eine Seminarbuchung bedeuten oder die Absage einer vielversprechenden Kooperation sein. Doch die Hoffnung auf ein positives Ergebnis war größer und der Impuls erneut nachzusehen daher stärker. Und so hat sich mit dem Start in die Selbstständigkeit im Laufe der Zeit auch das ständige Checken meiner E-Mails verselbstständigt – auf dem Laptop und Smartphone; zu Hause und an jedem anderen Ort zu jeder beliebigen Zeit.

Ursprünglich sollte die Push-Funktion uns den Umgang mit eingehenden Nachrichten erleichtern. Doch die Zahl der Mitteilungen ist längst so groß geworden, dass die ständigen Informationen zu andauernden Unterbrechungen führen würden.

Deshalb hatte ich die Push-Notifikation von Anfang an deaktiviert. Und so *wurde* ich nicht abgelenkt: Ich lenkte mich selbst ab. Denn das Ausschalten der Benachrichtigungen über neue Nachrichten hilft nicht beim Ausschalten der Gedanken an neue Nachrichten. Und weil die digitale Briefträgerin nicht nur ein Mal am Tag, sondern jederzeit lautlos eine Nachricht einwerfen könnte, habe ich mich in den kleinen Alltags- und Gedankenlücken, als Ablenkung und ständig zwischendurch aus Neugier oder Gewohnheit auf den Weg zum digitalen Briefkasten gemacht. Auch beim Schreiben, wenn ich in einem Satz festhing, war mir kein digitaler Weg zu weit. Das Nachschauen war zu einer Übersprunghandlung geworden, an der meine Aufmerksamkeit jedoch viel länger hängenblieb, als ich es wollte.

War ich süchtig?

Gibt es überhaupt eine E-Mail-Sucht?

Dopamin im Briefkasten

Auf jeden Fall hat das Dopamin, das dem Symbol ungeöffneter Briefumschläge folgte, etwas mit mir gemacht, nämlich: Dass ich immer wieder nachsah. Und das Immer-wieder-Nachsehen bewirkte, dass ich genau das immer wieder tat. Es war im Laufe der Zeit zu einer Gewohnheit geworden.

Ich wusste um die Sinnlosigkeit, aber ich wusste auch um das gute Gefühl: Das Internet belohnt mich. *Hin und wieder zumindest.* Denn die kleinen Freuden zwischendurch waren genauso groß wie die Enttäuschungen. So hat das Eintreffen oder Ausbleiben von E-Mails mit erfreulichen oder unerfreulichen Inhalten viel zu große Auswirkungen auf mein Wohlbefinden genommen.

Weil der Griff zum Smartphone und die schnelle Klickabfolge bis zum geöffneten Postfach immer öfter automatisch passierte, habe ich die Mail-App auf meinem Smartphone deinstalliert. Doch der Umweg über den Browser war schnell mein neuer direkter Weg. Erschrocken stellte ich fest, dass ich mich vor mir selbst schützen muss. Schließlich habe ich die Seite über eine App geblockt.

Wann ist der Punkt einer gesunden, selbstbestimmten Handynutzung überschritten? Und würde das, in einer Welt, in der wir das Smartphone fast alle immer bei uns tragen, überhaupt jemandem auffallen?

Gefangen in der Gewohnheitsschleife

Dieses ständige Prüfen meiner E-Mails verdeutlicht einerseits, wie schnell und wie einfach wir auf bestimmte Signale und Mechanismen mit bestimmten Reaktionen und Gefühlen reagieren und andererseits, wie mächtig Gewohnheiten sind – gute wie schlechte.

Gewohnheiten folgen einem speziellen Schema, der

sogenannten Gewohnheitsschleife: Es gibt einen auslösenden Reiz, beispielweise der Wunsch nach Pause, das Aufschieben einer ungeliebten Aufgabe, ein Gefühl von Alleinsein oder Langeweile. Diesem Reiz folgt eine gewohnte Handlung – der Griff zum Smartphone – und schließlich eine Belohnung: Entweder das Sich-Einstellen eines guten Gefühls – Belohnung durch Entspannung, Zugehörigkeit, Neuigkeiten – oder das Verschwinden eines unangenehmen Gefühls – Belohnung durch das Auflösen von Langeweile oder Einsamkeit durch Unterhaltung oder Interaktion.

Je öfter wir bei einem bestimmten Reiz ein bestimmtes Verhalten ausführen, umso mehr wird diese Handlung zu einer Gewohnheit und damit oft auch zu einer unbewussten Routine.

Was sind Gewohnheiten und wie entstehen sie?

Der Großteil unserer täglichen Handlungen basiert auf Gewohnheiten. Wir haben sie durch häufige Wiederholung zunächst erlernt und schließlich verinnerlicht, sodass wir sie immer wieder abrufen – oft automatisch, also ohne den bewussten Impuls zur Ausführung und oft auch ohne Bewusstsein während der Ausführung. Durch diesen Automatismus spart unser Gehirn Energie. Zähneputzen, Schuhe binden, kochen, die Gabel zum Mund führen, Auto fahren, schreiben – würden wir unsere täglichen Abläufe immer wieder neu einüben müssen, könnten wir unseren Alltag nicht bewältigen. Deshalb ist es gut und elementar, dass sie routiniert erfolgen. Auf neuronaler Ebene wurden die entsprechenden Synapsen tausendfach aktiviert. Es sind buchstäblich unsere gewohnten *Bahnen*. Gewohnheiten sind also feste neuronale Strukturen in unserem Gehirn.

Der Griff zum Smartphone und das flinke Laufen unserer Finger über das bunte Display sind innerhalb weniger Jahre zu einer kollektiven Gewohnheit geworden – inzwischen sind die meisten Personen zeitweise im digitalen Autopiloten unterwegs.

Während uns das Entwickeln von guten Routinen oft schwerfällt, beispielsweise die Neujahrsvorsätze am Jahresbeginn nachhaltig in den Alltag zu integrieren, und wir diese oft nur wenige Wochen praktizieren, hat es das Smartphone mit seinen vielfältigen Funktionen wie von selbst geschafft, unseren Alltag zu durchdringen und unser Verhalten zu verändern – ohne unsere bewusst gefasste Intention.

Warum ist das so?

Weil unser Gehirn durch Wiederholung lernt und wir ein Verhalten besonders gerne wiederholen, wenn der Ausführung stark belohnende Eigenschaften folgen – beides trifft auf die Nutzung digitaler Medien zu.

Wollen wir eine Fremdsprache oder ein Instrument erlernen oder das Meditieren beziehungsweise Joggen am Morgen als neue Routine etablieren, stellen sich die Glücksgefühle erst nach einer gewissen Anstrengung und Zeit ein. Natürlich belohnt uns jeder kleine Erfolg mit einem guten Gefühl. Doch bis wir ein Gespräch frei führen oder die ersten Lieder fließend spielen können, bis wir morgens so selbstverständlich fünf Minuten Stille finden oder unsere Runde laufen, wie wir zur Zahnbürste greifen, dauert es eine Weile. Und inmitten dieser Weile enden viele gute Vorsätze in den altbekannten Bahnen. Es heißt, dass es durchschnittlich 66 Tage bedarf, um eine neue Gewohnheit zu entwickeln.[6]

Anders als beim Erlernen einer Sprache, eines Instruments oder einer Sportart kann die Belohnung durch digitale Medien jederzeit, unmittelbar, bequem und durch viele Facetten erfolgen – da ist das gute Gefühl fast garantiert. Das macht den beiläufigen Griff zum Smartphone so verlockend. Und deshalb führen wir ihn so häufig aus.

Sind wir deshalb alle süchtig?

Nein!

Wir haben uns die Nutzung unseres Smartphones zur Gewohnheit gemacht.

Doch der Übergang zwischen gewöhnlichem, exzessivem und suchtartigem Medienkonsum gestaltet sich fließend. Auch

Süchte starten als Gewohnheiten und das *seichte Dopamin* aus dem Smartphone hat definitiv Suchtpotenzial. Deshalb ist es wichtig, unsere Gewohnheiten und den digitalen Autopiloten zunächst zu erkennen, um uns schließlich darüber bewusst zu werden, welche jeweilige Absicht wir mit der Nutzung der Medien tatsächlich verfolgen.

Warum der Suchtcharakter digitaler Medien auf Kinder und Jugendliche besonders groß ist // Über die Macht der Gewohnheit und die Ohnmacht in der Online-Welt

Viele digitale Technologien sind bewusst belohnungsorientiert programmiert. Dies bedingt ihren Suchtcharakter und macht die Nutzung digitaler Medien zu einer so großen Herausforderung – für uns alle im Allgemeinen; für Kinder und Jugendliche im Speziellen.

Neuroplastisches Gehirn

Das menschliche Gehirn besteht aus etwa sechzig bis achtzig Milliarden Nervenzellen, von denen jede Nervenzelle zwischen zehn- und zwanzigtausend Verbindungen eingeht.[7] Dieses faszinierende Netzwerk durchläuft während der Entwicklung unterschiedliche Phasen.

Babys und kleine Kinder können beispielsweise die Informationen aus einem zweidimensionalen Bildschirm nicht in eine dreidimensionale Welt übertragen. Sie lernen – auch heute in unserer modernen Welt – indem sie die Dinge wortwörtlich be*greifen*, und nicht, indem wir sie von klein auf mit vermeintlich kindgerechten Videos *stillen*, zu bilden versuchen oder zeitweise durch einen *digitalen Babysitter* betreuen lassen.

Weil digitale Medien zu unserem und dem Alltag unserer Kinder gehören, dürfen wir uns nicht wundern, wenn Kleinkinder die Fische in einem Aquarium durch die typische Fingerbewegung auf der Scheibe vergrößern wollen, um sie sich besser anschauen zu können. Und doch sollten wir es tun.

Ein Schüler erzählte im Rahmen meiner Vorträge, wie schwer es ihm fällt, offizielle Anrufe zu tätigen – beispielsweise bei der Hausärztin. Wenn der zwischenmenschliche Kontakt zu weiten Teilen zeitversetzt auf digitalem Weg erfolgt, fällt ein direkter Kontakt mit linearem Gespräch und begleitenden Emotionen offensichtlich schwer. Das ist nicht bei allen so. Aber bei manchen. Und die Jugendlichen selbst führen diese Ängste darauf zurück, dass ihre Kommunikation meistens aus Chats und Sprachnachrichten und nicht aus Telefonaten besteht. Das Smartphone vermittle ihnen generell Sicherheit und Rückzug.

In der frühen Kindheit erfolgen entscheidende Prägungen und es wird die Grundlage für viele Gewohnheiten gelegt. Wir entwickeln eine persönliche Normalität, die manchmal das gesamte Leben Bestand hat. Es ist sinnvoll, diese *subjektive Brille* hin und wieder abzulegen, um zu hinterfragen, ob das eigene Denken und die persönlichen Verhaltensgewohnheiten für das Erwachsenendasein angemessen und förderlich sind.

Doch warum ist das so?

Je jünger wir sind, umso einfacher und tiefer prägen sich Denkmuster und Verhaltensweisen neurobiologisch als individuelle Muster ein. Das resultiert aus der Fähigkeit des Gehirns sich entsprechend der Anforderungen umzubauen, der *Neuroplastizität.* Diese Fähigkeit besteht ein Leben lang. Der neuroplastische Umbau ist jedoch in der Kindheit besonders groß. Durch diese höhere Plastizität synaptischer Verbindungen lernen Kinder viel und schnell Neues.

So macht es in vielerlei Hinsicht einen großen Unterschied wie wir aufwachsen. Speziell: Ab welchem Alter, in welchem Ausmaß und mit welchen Inhalten digitale Medien ein Kind begleiten.

Eine Schülerin erzählte, dass es in ihrer Familie üblich war, das Smartphone nachts außerhalb des eigenen Zimmers in eine Box zu legen. Inzwischen ist sie von zu Hause ausgezogen, doch noch heute sei es für sie ungewohnt, dass sich das Smartphone in ihrer Ein-Zimmer-Wohnung in dem Raum befindet, in dem sie schläft.

Je früher wir ein Verhalten erlernen und je länger wir ein Verhalten ausüben, desto stabiler ist es, beziehungsweise desto schwieriger ist eine Veränderung des Verhaltens – das gilt für gute und schlechte Gewohnheiten gleichermaßen.

Dieser höhere neuroplastische Umbau im Kindes- und Jugendalter ist ein Grund, warum die potenziell suchterzeugenden Mechanismen auf Heranwachsende besonders stark wirken: Je früher und intensiver digitale Medien zu ihrem Alltag gehören, umso eher wird das Übertreten ins Digitale auch im weiteren Leben die Normalität sein. Denn Gewohnheiten sind mächtig – und wir hingegen manchmal ohnmächtig, wenn wir uns in der Online-Welt bewegen.

Selbstkontrolle

Diese Ohnmacht hängt mit unserer Fähigkeit, *oder Unfähigkeit*, zur Selbstkontrolle zusammen. Zuständig für die Selbst- oder Impulskontrolle ist der präfrontale Kortex, verortet in einem Teil des Frontallappens der Großhirnrinde, der sich hinter der Stirn befindet. Er steuert als *vernünftiger Aufpasser* das rationale Denken und erkennt mit Überblick, welches Verhalten welche Konsequenzen nach sich zieht. Er ermöglicht somit, dass wir nicht jedem ersten Impuls oder jeder auftauchenden Emotion nachgehen und automatisch auf einen Reiz reagieren, um damit ein bestimmtes Bedürfnis zu befriedigen. Letztlich macht er uns zu einer vernünftigen, sozial agierenden Person.

Als Beispiele:

Ich sehe meine Lieblingsschokolade und esse die ganze Tafel, obwohl das nicht meinem Vorsatz entspricht, mich gesünder und bewusster zu ernähren. Doch der Genuss belohnt mich sofort.

Nach einem langen Arbeitstag starte ich meine Lieblingsserie und binge *mich von Folge zu Folge, obwohl ich eigentlich zuerst den Haushalt machen wollte, weil mir ein aufgeräumtes Zuhause wichtig ist.*

In beiden Fällen wurde unmittelbar ein Bedürfnis befriedigt und somit die schnelle Belohnung gewählt – auf Kosten der langfristigen Ziele und entgegen höheren Werten.

Selbstkontrolle beschreibt demnach die Fähigkeit, einer kleinen, unmittelbaren Belohnung zu widerstehen – obwohl man sie gerne wählen würde – und stattdessen die größere, in der Zukunft liegende Belohnung anzustreben. Man erzeugt durch das Warten einen Belohnungsaufschub mit langfristig besserer Wirkung.

Wir können die Fähigkeit der Selbstkontrolle trainieren. Doch der präfrontale Kortex ist das Gehirnareal, das als letztes – erst mit Ende zwanzig – vollständig ausgereift ist.[8] Und daher ist es für Kinder und Jugendliche erheblich schwerer, sich selbst zu kontrollieren.

Warum Erwachsene die vernünftigen Aufpasser sein sollten

Lenke ich mich ab oder fokussiere ich mich?

Klicke ich auf Kaufen, *oder halte ich kurz inne und frage mich, ob ich das empfohlene Produkt wirklich benötige?*

Starte ich das nächste Spiellevel oder gehe ich wie geplant ins Fitnessstudio?

Schaue ich das Video, das gerade automatisch startet, oder lege ich das Smartphone beiseite und versuche zu schlafen?

Unbewusst bringt uns dies als Erwachsene in einen Konflikt zwischen spontanen Impulshandlungen und einem zielgerichteten Verhalten. Kinder und Jugendliche kennen diesen inneren Konflikt nur bedingt, weil sie die Konsequenzen ihres Handelns nur eingeschränkt überblicken können. Sie wählen schneller eine kleine, sich unmittelbar einstellende Belohnung – in diesem Kontext den Griff zum Smartphone und den Ausflug in die virtuelle Welt.

Wenn es Erwachsenen mit einem vollständig entwickelten präfrontalen Kortex schwerfällt, den Impuls zu kontrollieren, wenn es klingelt oder bunte Symbole mit Neuigkeiten auf uns warten, wir uns langweilen, allein fühlen, ablenken oder eine ungeliebte Aufgabe nicht angehen wollen – *wie schwierig ist es dann für Kinder und Jugendliche, bei denen dieser* vernünftige Aufpasser *noch nicht voll ausgebildet ist?*

Wenn Eltern oder andere Bezugspersonen nicht die Rolle der *vernünftigen Aufpasser* übernehmen, fliegen Kinder oder Jugendliche im freien Fall durch all die Möglichkeiten,

Verlockungen und Versuchungen der perfekt *addictive designten* digitalen Welt mit ihren vielfältigen Möglichkeiten auf die nächste Dosis Dopamin. Dann bleiben sie hier und dort hängen, fallen weiter, *gamen* weiter, vergleichen sich weiter, verfolgen die *Likes* und Kommentare und tauchen irgendwann wieder in der analogen Realität auf.

Analoge Prokrastination als Folge digitaler Belohnungen

Es ist normal, dass das passiert: Denn die positiven Wirkungen unseres Handelns in der Zukunft erscheinen tendenziell weniger attraktiv als die Annehmlichkeiten in der Gegenwart, da wir das gute Gefühl am liebsten unmittelbar erleben und uns dafür so wenig wie möglich anstrengen wollen. Und genau das macht die guten Gefühle aus dem Display so verlockend: Wir können sie uns durch ein paar Klicks ganz einfach und überall beschaffen. Digitale Medien fordern damit unsere Selbstkontrolle kontinuierlich heraus.

Diese schnellen Belohnungen aus der virtuellen Welt, *die verlockende Zuckerwatte für unser Gehirn,* können mitunter ein Grund sein, warum wir unsere alltäglichen Aufgaben vernachlässigen oder größere Ziele aus den Augen verlieren. Weil das Glück aus dem Display so einfach geht, schieben wir andere Aufgaben auf und vor uns her und machen uns damit das Leben schwer. Im analogen Leben kommt es zu Prokrastination. Dieses *Aufschieben* wirkt sich auf unsere Selbstwirksamkeit und schließlich auch auf unsere Zufriedenheit aus.

Was können wir tun? Analoge Erfolgserlebnisse schaffen und achtsame Handynutzung

„Gibt es denn kein analoges Dopamin?“, fragte ein Schüler, und: „Können wir nicht zurück zu den alten Handys?“

Doch, das gibt es!

Es versteckt sich überall um uns herum.

Doch die Ausschüttung des Neurotransmitters ist meist mit Aktivität verbunden. Es sind die kleinen Erfolgserlebnisse, die uns die viel besseren guten Gefühle schenken. Denn es macht einen wesentlichen Unterschied, woraus sich das gute Gefühl speist; ob es *echt* ist, oder nur eine biochemische Reaktion ohne sinnstiftende Aktion.

Die erledigten Hausaufgaben, kleine Lernerfolge, das Gefühl, etwas verstanden zu haben und Aufgaben lösen zu können, einem anderen Menschen helfen, Gemeinschaft erleben, die saubere Küche, die absolvierte Bewegungseinheit, ein geschriebener Brief, ein vollendetes Projekt – es sind die kleinen Geschenke mitten im Alltag, die alltäglichen Aufgaben und unser echtes Miteinander, die das *analoge Dopamin* für uns enthalten und uns somit das wahre Alltagsglück schenken.

Wir können unsere Selbstkontrolle trainieren. Wenn du das nächste Mal zum Smartphone greifst, sei achtsam und halte einen Augenblick inne, um zu reflektieren:

Was ist jetzt deine Absicht?

Ist es nur ein Griff aus Gewohnheit?

Ein Lückenfüller?

Ein Ausweichen vor ungeliebten Aufgaben oder ein Ablenken von unangenehmen Gefühlen?

Ist das jetzt wichtig?

Tut es dir gut?

Was könntest du stattdessen tun?

Wenn du erkennst, dass es ein grundloser Griff zum Smartphone ist oder du mit dem Abtauchen in die Bildschirmwelt vor etwas ausweichst, versuche den Impuls zu kontrollieren und deinen analogen Alltag fortzusetzen.

Im Hinblick auf den Medienkonsum von Kindern und Jugendlichen ist es wichtig zu verstehen, dass die Wirkmechanismen der Medien auf sie besonders stark sind. Es gilt vor allem, ihnen ein gutes Vorbild zu sein, ihre Medienkompetenz zu stärken und gemeinsame Regeln für die gesamte Familie bezüglich Häufigkeit und Dauer der Nutzung zu vereinbaren. Es wird sicherlich Diskussionen nach sich ziehen, aber die größeren Belohnungen stellen sich eben manchmal später ein …

Die Suchtprävention Zürich gibt folgende Empfehlungen für Bildschirmzeiten für Kinder:

0 bis 3 Jahre: keine Bildschirmmedien
3 bis 5 Jahre: bis 30 Minuten täglich
6 bis 9 Jahre: bis 45 Minuten täglich
10 Jahre: bis 1 Stunde täglich.

Computerspielsucht // Über das Milliardengeschäft der Online-Spielindustrie und wenn das virtuelle das analoge Leben ersetzt

Auch die Spielindustrie setzt jene glücksspielähnlichen und potenziell suchterzeugenden Mechanismen ein, um die *User* stärker an das Spiel zu binden und Gewinne zu erzielen – Gewinne in Milliardenhöhe. Und das, obwohl die meisten Spiele kostenlos heruntergeladen werden können.

Was steckt dahinter?

Während Erwerb und Einstieg zunächst kostenlos sind, *Free to Play* – hier wird durch angezeigte Werbung Geld verdient – ist für den weiteren Verlauf oft Geldeinsatz erforderlich, *Pay to Win*. Diese *In-Game-Käufe* generieren laut *Newzoo 2020 Global Games Market Report* rund siebzig Prozent des Branchenumsatzes.

Dabei sind die Spiele bewusst derart konzipiert, dass der Spielverlauf nach anfänglichen, einfachen und schnell hintereinander folgenden Erfolgen nach gewisser Zeit stagniert. Der Frust ist also wortwörtlich vor*programmiert* und die Lösung natürlich auch: Die *User* können – und sollen – sich über die Basisversion hinaus Fähigkeiten, Outfits, Waffen, neue Leben oder eine Zeitersparnis, und somit einen spielerischen Vorteil, erkaufen. Durch jene Mikrotransaktionen wurden laut des Magazins *Der Spiegel* allein in Deutschland im Jahr 2021 4,2 Milliarden Euro für *In-Game-Käufe* ausgegeben. Für den Erwerb von Spielen hingegen *nur* eine Milliarde.

Häufige Verwendung in elektronischen Spielen finden dabei die sogenannten *Lootboxen*, Schatzkisten mit zufällig gefüllten Inhalten. Ob eine *Lootbox* wichtige Werkzeuge für spielerische Vorteile oder lediglich unbedeutende Inhalte ohne großen Mehrwert birgt, weiß der *User* beim Kauf jedoch nicht. Dies ist erst nach dem Öffnen ersichtlich. Diese *unvorhersehbaren Belohnungen* sind das versteckte Glücksspiel in der virtuellen Welt. Während das analoge Glücksspiel strengen gesetzlichen Richtlinien unterliegt und der Zugang für Minderjährige verboten ist, ist es umstritten, ob *Lootboxen* zur Kategorie des Glücksspiels zählen. Während in den Niederlanden und Belgien kostenpflichtige *Lootboxen* als illegales Glücksspiel gelten, sind in Deutschland Spiele mit Kaufanreizen und glücksspielähnlichen Komponenten seit Mai 2021 zum besseren Jugendschutz lediglich als solche gekennzeichnet.[9]

Nicht selten ist dieses Konzept der *In-Game-Käufe* ein Grund für überraschend hohe Rechnungen, da es die entstehenden Kosten verschleiert und Kinder oder Jugendliche den Geldwert gar nicht einordnen können. Eltern sollten daher darauf achten, in *Apple-* oder *Google-Play-Stores* keine Kreditkarteninformationen zu hinterlegen oder die Funktion der *In-App-Käufe* deaktivieren.

Diese als *Dark Pattern* bezeichnete Art des Spiel-Designs wird zwar oft kritisiert, weil Personen bewusst zu emotionalen und konditionierten Handlungen in Form von Kaufentscheidungen entgegen ihren persönlichen Interessen bewegt werden, ist aber zulässig. So verbringen die meist männlichen Nutzer nicht nur zu viel Zeit mit *Gamen* – sie geben oft auch viel Geld aus und binden sich durch jede weitere Ausgabe stets mehr an das Spiel.

Diagnose: Computer- und Online-Spielsucht

Seit dem 1. Januar 2022 ist die *Computer- und Online-Spielsucht* eine von der Weltgesundheitsorganisation (WHO) anerkannte Krankheit und unter dem Code 6C51 als *Gaming disorder* in der *International Statistical Classification of Diseases and Related Health Problems*, der ICD-11, aufgeführt. Somit existiert eine Behandlungsgrundlage für an Computerspielsucht erkrankte Menschen. Ein notwendiger Schritt, da die Zahl der Betroffenen steigt.[10]

Doch es gilt, den Begriff *Sucht* im digitalen Kontext

vorsichtig zu verwenden, da sich der Übergang zwischen gewöhnlichem, exzessivem und suchtartigem Medienkonsum fließend gestaltet. Ob es sich um echtes Suchtverhalten oder um starke Mediennutzung handelt, ist schwer abzugrenzen und lässt einen gewissen Spielraum. In einer Welt, in der sich immer mehr virtuell ereignet und wir mit unserer Familie, dem Freundeskreis und Kollegium digital in Kontakt stehen, treten wir alle häufiger aus dem analogen in das virtuelle Leben über. Demnach kann die reine Online-Zeit nicht als Kriterium für Mediensucht herangezogen werden. Schließlich macht es einen Unterschied, ob wir während unserer Online-Zeit lernen, arbeiten oder entspannt einen Podcast hören, oder ob wir *gamen* oder keinen Ausweg aus den sozialen Medien oder der YouTube-Schleife finden.

Steckt hinter diesem Übertreten in die virtuelle Welt eine echte Sucht mit problematischen Gewohnheiten, so nimmt diese immer mehr Gedanken und Lebensbereiche ein. Kriterien für einen gesunden Umgang mit digitalen Medien im Allgemeinen, oder Computerspielen im Speziellen, sind die Kontrolle über unser eigenes Verhalten und dass wir uns selbst nicht aus den Augen verlieren, während wir online sind oder *gamen*.

Um eine Computer- und Online-Spielsucht diagnostizieren zu können, müssen laut der Weltgesundheitsorganisation die folgenden drei Kriterien mindestens zwölf Monate lang existieren:

- Eingeschränkte Kontrolle über das Spielen (z. B. Beginn, Häufigkeit, Intensität, Dauer, Beendigung, Kontext)
- Zunehmende Priorität des Spielens in dem Maße, dass das Spielen Vorrang vor anderen Lebensinteressen und täglichen Aktivitäten hat
- Fortsetzung oder Eskalation des Spielens trotz negativer Konsequenzen[11]

Aus Flucht wird Sucht

Neben den vielen bereits erläuterten äußeren Mechanismen,

die durch die Allgegenwärtigkeit digitaler Medien auf uns alle einwirken, gibt es Personen, die durch ihre Lebenssituation und Persönlichkeitsstruktur zusätzlich suchtgefährdet sind.

So neigen Personen mit niedrigem Selbstwert und schlechter sozialer Integration, mit geringer Selbststeuerung und hoher Impulsivität tendenziell eher zu suchtartigem Verhalten. Häufig finden sie in der virtuellen Welt, was ihnen im analogen Leben fehlt: Erfolg, Anerkennung, Zugehörigkeit und somit zunächst auch ein Gefühl von positivem Erleben und Zufriedenheit.

Die virtuelle Welt schützt dann vor einer analogen Realität, die sich nicht gut anfühlt, der man sich nicht zugehörig fühlt und in der man kaum Erfolge verzeichnen kann. Wer im Virtuellen erhält, was ansonsten fehlt, wird als logische Konsequenz öfter abtauchen, digitale Zugehörigkeit und persönliche Erfolgserlebnisse suchen und die Sorgen, die Langeweile oder den Stress online vergessen wollen.

Auf diese Weise frisst die Sucht mit der Zeit immer mehr Facetten des analogen Lebens auf: Die Hobbies und die Verpflichtungen, die Strukturen und die Routinen, die Schule, das Studium oder den Beruf, die Familie und den Freundeskreis, die Freizeit und die Freiheit.

Das Spiel wird zum Lebensinhalt: Betroffene spielen nicht selten täglich weit mehr als zehn Stunden Computerspiele und verlieren dadurch jegliche Tagesstruktur. Sie sitzen im abgedunkelten Zimmer, vernachlässigen die eigenen Bedürfnisse, ziehen die Jalousien nicht mehr hoch oder stellen sich den Wecker für mitten in der Nacht, wenn eine wichtige Spielentscheidung ansteht. So nimmt die betroffene Person immer weniger am analogen Leben teil und die negativen Konsequenzen des eigenen Verhaltens hin. Diese reichen von fehlender Körperhygiene und Schlafmangel, über Untergewicht oder Fettleibigkeit bis hin zu Verschuldung und einem fehlenden Schulabschluss beziehungsweise Jobverlust.

Was man im analogen Leben nicht findet, erhofft man sich aus der digitalen Welt. Dort kennt man sich nicht persönlich und ist dennoch Teil einer Community, die ein

Spielziel verfolgt. So ist der soziale Aspekt auch beim *Gaming* relevant. Weil die Spielenden teilweise gemeinsam Aufgaben in Echtzeit ausführen, werden die meist männlichen Nutzer mehr und mehr an das Spiel, den Computer und die virtuelle Gemeinschaft gebunden. In Online-Rollenspielen fühlt man sich selbst wie einer der Charaktere des Spiels. Doch auch in der virtuellen Welt können nicht alle gewinnen.

Was können wir tun? Die Sucht als Symptom von etwas Größerem erkennen

Das verdeutlicht, dass die Sucht zumeist das Symptom einer anderen Problematik ist, die es zu lösen gilt. Gelingt dies, kann auch das suchtartige Verhalten enden. Doch oftmals können diese strukturellen Persönlichkeits- und Lebensthemen nicht gelöst werden und Betroffene verbleiben dauerhaft in der Situation, über die sie allein keine Kontrolle erlangen. Wenn sich Familienangehörige aus Enttäuschung abwenden und der eigene Spielerfolg ausbleibt, kommt die persönliche Enttäuschung hinzu und die mentale Gesundheit wird noch stärker gefährdet.

Fragen, um das Suchtverhalten zu ergründen, können sein:

Was ist die Geschichte der Person?

Was fehlt dem Menschen im echten Leben?

Welche im analogen Leben unerfüllten Bedürfnisse werden in der virtuellen Welt gestillt?

Und schließlich: Verfügt die betroffene Person über die nötigen Ressourcen, um sich aus dieser Situation heraus zu entwickeln?

Es ist wichtig, dass Eltern Interesse an den digitalen Inhalten zeigen, die ihr Kind nutzt, und die Faszination für das jeweilige Medium ergründen. Darüber hinaus sollte man als Familie achtsam, also wertfrei, ehrlich und wohlwollend, über die Situation sprechen und langfristig im Austausch bleiben. Gemeinsam festgelegte Nutzungszeiten sowie eine klare Tagesstruktur, zu der der Schulbesuch sowie regelmäßige Essens- und gesunde Schlafzeiten zählen, sind elementar, um einer Sucht vorzubeugen.

Es ist von besonderer Bedeutung, die Freizeit sinnvoll zu gestalten und positive Erlebnisse im analogen Leben zu erschaffen, um im Hier und Jetzt anzukommen und das Selbstwertgefühl der betroffenen Person zu stärken.

Je nach der persönlichen Situation sollten sowohl Angehörige als auch Betroffene nicht zögern und Suchtberatungsstellen aufsuchen, um Rat und professionelle Hilfe in Anspruch zu nehmen.

Instagram // Wie sozial sind die sozialen Netzwerke wirklich?

Soziale Netzwerke sind zum Vernetzen da. Zum Austausch und zur gegenseitigen Inspiration.

Fast alle Jugendlichen verwenden täglich soziale Netzwerke wie Instagram, Snapchat, TikTok oder Facebook. Die gezeigten Inhalte entsprechen selten dem realen Leben, sind aber für viele die Basis für persönliche Vergleiche. Darüber hinaus werden auch in den sozialen Medien die psychologischen Mechanismen eingesetzt, die erfolgreich zum Klicken, Bleiben und Wiederkommen animieren. Social Media gehört zu unserem und dem Alltag unserer Kinder dazu. *Tut uns das gut?*

Laut der Dokumentation *Instagram: Das toxische Netzwerk* nutzen mehr als eine Milliarde Menschen diese Plattform. Täglich werden über hundert Millionen Fotos *gepostet*. Während das Ziel zu Beginn das Teilen alltäglicher Momentaufnahmen war, hat sich das soziale Netzwerk im Laufe der Jahre zu einem Hochglanzmagazin entwickelt. Fotos mit Filtern und ästhetische Bilder von Menschen mit großer Reichweite, die vermeintlich perfekte Gesichter und Körper zeigen, haben sogar einen neuen Beruf entstehen lassen: *Influencer*innen* sind Trendsetter. Und Vorbilder. Doch vor allem Werbefiguren. Unternehmen haben die lukrative Kombination des gezielten Marketings durch *Influencer*innen* längst erkannt. Und so gleichen die Profile einer Dauerwerbesendung.

Es handelt sich dabei nicht ausschließlich um bekannte Persönlichkeiten, sondern auch um Menschen wie *dich und mich*. Das macht sie einerseits so nahbar und glaubhaft und lässt andererseits den Traum vom eigenen digitalen Aufstieg realistisch erscheinen. Doch durch die sozialen Medien sind sie zu *Stars* geworden und demonstrieren nun ein Leben, das mit einem normalen Alltag nicht mehr viel zu tun hat.

Und doch: Wir gucken uns die Fotos, *Reels* und *Storys* gerne an. Das Wischen ist wie ein Schaufensterbummel. Wie das Blättern in einem Magazin. Oder das Spazieren durch fremde Wohnungen mit Einblick in andere Kleiderschränke oder Handtaschen. Wir lassen uns berieseln, inspirieren und tauchen gern zeitvergessen, von Neugier besessen in dieses *Sehen und Gesehenwerden* ein. Wir schenken den anderen unsere Aufmerksamkeit oder erhalten die Aufmerksamkeit der anderen, wenn wir selbst etwas *posten.*

Jedes *Like* symbolisiert: *Ich sehe dich. Mir gefällt, was du tust.*

Und das tut uns gut – *zumindest im ersten Augenblick.*

Das Leben der anderen

Was macht das mit uns, wenn wir uns permanent mit den Leben der anderen beschäftigen? Uns in fremden Realitäten aufhalten und den Vergleich mit Personen anstellen, von denen wir nur ausgewählte Ausschnitte sehen?

Wir wollen uns verbunden fühlen – und nicht isoliert vom Rest der Welt allein in unseren vier Wänden. Wenn wir zu Hause sind und an einem gewöhnlichen Mittwochabend nichts erleben, soll wenigstens das Display den Horizont erweitern und den Blick ermöglichen in minimalistische Wohnzimmer, moderne Küchen, blühende Gärten und fremde *Workouts*, auf schön angerichtete Teller, die neueste Mode, süße Kinder und lustige Kunststücke, auf einzigartigen Cappuccinoschaum und einen Urlaubstraum sowie in die Gedanken und Gefühle der anderen.

Ach, es gibt so viel zu sehen.

Unendlich viel.

Der Finger wischt und scrollt und *swipet.*

Und so fühlen wir uns auch an einem Mittwochabend nicht allein, sondern verbunden mit den unbekannten Menschen am anderen Ende des Smartphones – wo auch immer sie gerade sind. Und ich frage mich, wie echt dieses Gefühl von Verbundenheit ist, von dem die anderen nur über unsere *Likes* oder Kommentare wissen. Oder ob wir uns täuschen und enttäuscht sind, wenn wir das Smartphone beiseitelegen und durch unser eigenes Wohnzimmer, an der Küche und den leeren Tellern vorbei, ins Bett gehen.

Sehnen wir uns nicht nach etwas anderem?

Nach wahrer Fülle in unserem Leben?

Wenn wir in die Lebenswelten Unbekannter eintauchen – in ihre Wohnungen, Teller und Gärten, in ihr Sportprogramm, ihre perfekten Körper und Bücherwelten, in ihre *#metime* und mit ihnen auf Reisen gehen – entfliehen wir unserer eigenen Realität. *Driften wir von uns weg, wenn wir uns mit den Leben der anderen befassen?* Auf jeden Fall konfrontieren wir uns in dieser Zeit nicht mit uns selbst, sind von möglichen unangenehmen Gefühlen abgelenkt und unterdrücken sie mit virtuellen Reizen. Denn die Welt hinter dem Display lässt uns jederzeit in verschiedene Realitäten eintauchen, während sich unsere analoge Wirklichkeit in ein paar Pixel auflöst. Wir sind überall und nirgends, bekommen scheinbar alles mit und verpassen doch das Wertvollste: Den gegenwärtigen Augenblick in unserem analogen Leben – *oder geht es manchmal genau darum?*

Beauty-Filter

Die meisten Personen nutzen soziale Medien auf eine gesunde Art und Weise. Doch nicht alle. Das Vergleichen des vermeintlich gewöhnlichen Selbst mit perfekt designten Ausschnitten eines unbekannten Lebens oder der gefilterten Version von sich selbst hat Auswirkungen auf die mentale Gesundheit, auf ein realistisches Selbstbild und den Selbstwert.

Klick – reine Haut.

Klick – große Augen.

Klick – geschwungene Wimpern.

Klick – volle Lippen.

Klick – schmalere Nase.

Klick – höhere Wangenknochen.

Klick – weiße Zähne.

So simpel die Anwendung von Beauty-Filtern ist, so erschreckend sind ihre Auswirkungen. Das makellose

Instagram-Face gilt als neues weibliches Schönheitsideal. Doch der Vergleich mit dem unrealistischen Ideal von sich selbst verursacht Druck und senkt das Selbstbewusstsein der meist jungen Frauen.

Denn in der analogen Welt blickt man dann doch einem filterlosen Spiegelbild ins Gesicht, das einem plötzlich nicht mehr gefällt und in der Öffentlichkeit nicht mehr vorzeigbar erscheint, da der Unterschied zum Erscheinungsbild in der digitalen Welt zu groß ist. Diese Unzufriedenheit mit dem eigenen Aussehen aufgrund der Verwendung von Filtern bezeichnet man als *Selfie-Dysmorphie.* Das geht so weit, dass junge Frauen mit einem gemorphten Bild zum Schönheitschirurgen gehen, weil sie so aussehen wollen wie auf dem Foto – *und wie alle anderen.*

Eine Seminarteilnehmerin erzählte, dass sie die Freundinnen ihrer Tochter im Abibuch aufgrund der gefilterten und weichgezeichneten Fotos kaum erkannte. Bei so verzerrten Selbstbildern ist es kaum verwunderlich, wenn sich das Dasein mehr und mehr ins Digitale verlagert und die nächste Generation zukünftig eher online den eigenen Avatar losschickt als sich wirklich auf den Weg zu machen.

Diese Vermischung von analoger und digitaler Realität nimmt bedenkliche Ausmaße an. Studien zeigen, dass eine intensive Nutzung sozialer Medien mit Depressionen, niedrigem Selbstwert und einem negativen Körperbild einhergeht.[12]

Für Regenbilder erhält man keine *Likes* – algorithmisch belohnt hingegen werden junge nackte Haut, Gesichter, die den Maßen der Beauty-Filtern entsprechen, und eine allgemein hohe Aktivität der Nutzer*innen auf der Plattform. Auf der Jagd nach Bestätigung und Anerkennung, nach Dopamin und einem größerem Selbstwert sind nackte Haut und ein gefiltertes Gesicht das Pflaster für eine unsichere Seele, die sich nach Verbundenheit sehnt.

Die sozialen Netzwerke ermöglichen schnelle Vernetzung. Und schnelle Verletzung. Wir erhalten unmittelbare Reaktionen auf unser Tun und Sein – gute wie schlechte.

Neben dem permanenten Vergleich bewirkt der ständige Aufenthalt in anderen Leben noch etwas anderes: Die Angst, etwas zu verpassen. *Fear Of Missing Out,* abgekürzt *FOMO*, gilt als erste Social-Media-Krankheit. Da es möglich ist, das Leben der anderen digital in Echtzeit mitzuerleben, wird uns ständig vor Augen geführt, wer was und mit wem erlebt. Das stellt die eigenen Entscheidungen in Frage und erschwert es, mit getroffenen Entscheidungen zufrieden zu sein. Die digitale Welt präsentiert uns ihr Überangebot nicht nur auf Social Media. Wir können uns auch in Mediatheken und Streamingdiensten für Musik, Podcasts und Videos endlos inspirieren und berieseln lassen, weiterbilden, so viel *erleben* und eben noch mehr verpassen.

Was können wir tun? Den Selbstwert stärken und unser analoges Leben schützen

Weil wir von uns das Ganze und von den anderen nur die Elemente kennen, die sie für uns auswählen, können wir dem Vergleich mit den perfekt inszenierten, aufregenden Leben kaum Stand halten. Und wir sollten es auch nicht wollen. Wir sollten es nicht einmal versuchen. Denn der virtuelle Katalog zeigt allzu oft verzerrte Realitäten, mit Filtern versehene Bilder und inszenierte Momentaufnahmen: Ein schöner Hintergrund, ein lächelndes Gesicht, ein besonderes Event – vielleicht der eine Augenblick eines Tages mit ansonsten schlechter Stimmung, an dem das meiste schiefging.

Diese verzerrten Realitäten sind okay – wenn wir sie entsprechend einordnen können. Wir dürfen uns digital inspirieren lassen, solange der Vergleich nicht unser Selbstwertgefühl reduziert. Es ist wichtig zu wissen, dass die Online-Schnipsel mit einem normalen Leben meist nicht viel gemeinsam haben und oft eben nicht einmal der Realität entsprechen. Zu einem normalen Leben gehören Höhen und Tiefen, aufgeräumte und chaotische Wohnungen, Festtage und Alltagsmonotonie, Ecken und Kanten und morgens ein verschlafenes Gesicht im Spiegel. Das echte Leben glänzt nicht nur – es ist anders bunt als die digitalen Filter: Es kennt die gesamte Bandbreite an Emotionen. Im alltäglichen Leben kann nicht jeder Tag der beste des Lebens sein. Und doch können wir an jedem Tag die Schönheit des Alltäglichen entdecken.

Wenn wir soziale Medien nutzen, muss uns bewusst sein, dass wir ausschließlich die Bühnen der anderen gezeigt bekommen – nicht ihr Chaos, ihre Zweifel oder die normalsten Ecken der Wohnung und ihres Lebens – und somit nur einen kleinen, sehr bewusst ausgewählten Ausschnitt.

Je mehr online und offline ineinandergreifen, umso wichtiger ist die Stabilität in sich selbst, in analogen Gemeinschaften und im echten Erleben.

Wir brauchen ein Privatleben.

Momente, die nur uns selbst gehören.

Eine Gesellschaft, die das Innen mehr schätzt als das Außen.

Einen gesunden Selbstwert, der sich nicht über digitale Filter oder den Vergleich mit anderen definiert.

Klare Werte und persönliche Ziele, die unser Wohlbefinden bestimmen.

Wir brauchen Medienkompetenz in den Schulen und einen maßvollen Umgang mit digitalen Medien im Allgemeinen und sozialen Netzwerken im Speziellen.

Wir dürfen die Filter weglassen,
die Schminke abnehmen und die Masken fallenlassen
– und unsere unverstellte Einzigartigkeit entdecken.

Verbinde dich // Warum digitale Vernetzung echte Verbundenheit nicht ersetzen kann

Dass die Arbeit oft in den Städten und das Glück vermeintlich in fernen Abenteuern liegt, bringt uns räumlich auseinander und führt uns digital wieder zusammen. So ist die Digitalisierung einerseits die Antwort auf unser modernes und flexibles Leben, anderseits ermöglicht sie dieses überhaupt. Wir können Fotos austauschen, Live-Standorte teilen, Kurznachrichten schreiben, Home-Office, *Facetime*, Online-Meetings, überall telefonieren und ein ganzes Büro im Laptop mitnehmen, als digitale Nomaden und global zusammenarbeiten – all das wäre ohne den technologischen Fortschritt unvorstellbar.

Doch inmitten dieser immer selbstverständlicheren Überwindung von Distanz durch die digitalen Möglichkeiten ist der Schutz unseres analogen Miteinanders für unser persönliches Wohlbefinden elementar. Die wachsende Mobilität bringt uns die Ferne näher. Sie darf uns aber nicht von unserer unmittelbaren Umgebung trennen. Das Vernetzen im digitalen Raum kann nur gelingen, wenn wir im echten Leben fest verwurzelt sind – eingebunden in ein gutes soziales System – und Zufriedenheit erleben.

Denn was bedeuten tausend Facebook-Freundschaften, wenn wir uns im echten Leben allein fühlen?

Es bringt unzählige Vorteile, dass wir uns ortsunabhängig *treffen*, miteinander kommunizieren, arbeiten und uns gegenseitig inspirieren können. Und doch: Wenn wir es genau nehmen, dann sitzen viele von uns stunden-, tage-, monate- oder jahrelang allein vor Bildschirmen. Während der Arbeitszeit, während der Freizeit – während unserer Lebenszeit. Auch, wenn wir uns digital in den sozialen Netzwerken aufhalten.

Was macht das mit uns als Gesellschaft und unserem persönlichen Wohlbefinden, wenn wir uns regelmäßig isoliert vor unseren Displays in der Bildschirmwelt aufhalten?

Lösen wir uns dadurch allmählich aus analogen Gemeinschaften heraus?

Können soziale digitale Netzwerke die sozialen analogen Netzwerke ersetzen?

Sehnen wir uns in der Tiefe – merklich oder unmerklich – nicht nach echtem Begegnen und gemeinsamen Erlebnissen?

Die zwei Seiten der digitalen Kommunikation

Die Tatsache, dass wir zu unseren Familien und unserem Freundeskreis über jede Distanz hinweg so in Kontakt stehen können, als würden wir tatsächlich unseren Alltag miteinander teilen, ist wertvoll. Hier eine Momentaufnahme, da ein kurzer Gedanke – oder noch kürzer: ein Smiley zwischendurch – ein kleines Video, ein Anruf. Es fühlt sich an, als wären wir beieinander, erlebten gemeinsam das Hier und Jetzt und verpassten kaum etwas voneinander. Aus den vielen digitalen Schnipseln legen wir schließlich das Bild eines vermeintlich gemeinsamen Alltags. Der Journalist Clive Thompson bezeichnet dieses Phänomen als *ambient awareness.*

Dieses Miteinander und die von Zeit und Raum losgelöste Kommunikation durch das Smartphone habe ich anfangs als neu gewonnene Freiheit empfunden. Doch schon bald fühlte sich diese Unabhängigkeit wie ein leerer Raum zwischen Menschen an: Obwohl wir uns genauso nahe waren, brachte der zeitversetzte Dialog einen unsichtbaren Abstand mit sich. Immer öfter hat mir die Dynamik eines Gesprächs gefehlt: Das Spüren von Emotionen, das gemeinsame Lachen, eine Konversation, die sich durch Interaktion entwickelt, die unmittelbare Reaktion des Gegenübers und auch, dass ich als Gegenüber unmittelbar reagieren kann und muss. Mir fehlten das augenblickliche Mitfühlen und Mitschwingen mit anderen Leben und, dass andere mit meinem Leben augenblicklich mitfühlten und mitschwangen.

Natürlich funktioniert das alles bis zu einem gewissen

Punkt auch virtuell und ist umso wertvoller, je weiter eine uns nahestehende Person räumlich entfernt ist. Und doch bleibt auf dem Weg von einem *Like,* über eine Kurznachricht, eine Sprachnachricht, einen Anruf bis hin zu einem persönlichen Treffen etwas auf der Strecke. Heutzutage leben wir selten *linear*, sondern in unserer ganz persönlichen Zeitzone, sind immer bespielbar und gleichermaßen verbunden mit Menschen auf der ganzen Welt.

Fühlt sich diese Freiheit tief im Inneren gut an?

Oder haben wir dadurch unsere Wurzeln verloren, weil wir überall sein können, aber selten ganz da sind, wo wir gerade sind und nirgends wirklich ankommen?

Zwischenmenschlich

Die Digitalisierung vereinfacht Prozesse und Kommunikation. Und zugleich macht sie unsere Welt durch den permanent gesenkten Blick in die Geräte auch ein Stück kälter und oberflächlicher. Zu Zeiten, als es den kleinen Computer in der Hosentasche nicht gab, mussten wir uns die offenen Fragen anders beantworten: Gegenseitig. Wir kamen ins Gespräch, fragten nach dem Weg oder tauschten uns mit der Person am Schalter aus – klar, wir mussten auch in der Schlange warten. Heute bleiben wir mehr für uns. Das Smartphone kennt die Antworten, der Bildschirm weist den Weg, die Kopfhörer ersetzen Unterhaltungen.

Wir haben uns an das Straßenbild mit *Smombies*, ein Kofferwort aus *Smartphone* und *Zombie* und Jugendwort des Jahres 2015, gewöhnt: An die Menschen, die den Blick ins Smartphone richten, allein sind, doch aufgeweckt vor sich hinreden, Kopfhörer tragen und in unserer, doch vielmehr in ihrer eigenen, Welt unterwegs sind. Wir schalten die Umwelt und das Umfeld ab und tauchen sowohl in der Öffentlichkeit als auch in den eigenen vier Wänden in eine virtuelle Parallelwelt ein.

Und ich in meine.

Und ich meine, dass wir uns damit schleichend voneinander

isolieren und das Leben mit seinen Worten und Bildern an uns vorbeizieht, während wir uns in den Worten und Bildern hinter dem kleinen Display aufhalten.

Die digitale Welt ist zu einem Rückzugsort geworden.

Doch wovon ziehen wir uns eigentlich zurück?

Wenn wir unser Leben auf digitalen Wegen organisieren, geht vieles vermeintlich schneller. Doch auf der Überholspur bleiben die zwischenmenschliche Wärme und Verbindlichkeit auf der Strecke. Manchmal wünsche ich mir die kleinen Umwege der Menschlichkeit zurück: Die persönliche Hilfestellung, das Gespräch zwischendurch und die damit einhergehenden Begegnungen. Inmitten all der Displays auf Bahnhöfen, in Zügen, Cafés und Fußgängerzonen sehne ich mich nach wachen Gesichtern, unverhofften Wundern und einer gemeinsamen analogen Realität. Ich möchte mein Leben nicht immer mehr über Klicks auf glatten Displays steuern, nur weil es vermeintlich einfacher ist. Die technische Entwicklung ist wunderbar erleichternd. Doch ich glaube, dass wir in all der Freiheit, Individualität und Grenzenlosigkeit wachsam sein sollten, dass uns dabei nicht der Kern unseres Menschseins verloren geht: Unser echtes Miteinander, Geduld, Spontanität, Verlässlichkeit, Gemeinschaft, die Achtsamkeit für den Augenblick. Und auch das Gefühl von Unmöglichkeit.

Was können wir tun? Das soziale Netz stärken

Der Mensch sehnt sich nach Anbindung. Doch das heutige digitale Vernetzen im Rahmen eines isolierten Daseins vor unseren Bildschirmen täuscht vermeintliche Nähe und ein trügerisches Miteinander vor, das das echte Beisammensein und einen lebendigen linearen Austausch nicht ersetzen kann. Denn über Geräte durch unsichtbare Datenströme vernetzt, hat dieses Miteinander nur wenig mit wahrer menschlicher Verbundenheit zu tun, nach der wir uns instinktiv sehnen.

Es ist wichtig, dass wir uns während der fortschreitenden Digitalisierung darüber bewusst sind, dass es in unserem Hier-Sein um ein viel größeres Angebunden-Sein als an ein WLAN geht: Es ist dieses tiefe Gefühl, mit allen und allem verbunden – oder zumindest ein Teil von etwas Größerem – zu sein, das Sinn und Zufriedenheit stiftet.

Dieses Gefühl erwächst aus unserem Inneren und kommt nicht aus einer glatten Oberfläche. Wir sollten die Welt wieder neu be*greifen* lernen, ihre Wunder entdecken und uns sowohl als Teil kleiner Gemeinschaften erleben sowie als ein Element des großen Ganzen empfinden.

Anstelle stundenlang durch die anonyme virtuelle Welt zu streifen, mit unzähligen unbekannten Menschen über verschiedene Kanäle oberflächlich zu kommunizieren, sollten wir mehr Zeit mit unseren Kontakten im direkten Umfeld verbringen. Wichtiger als soziale Medien ist das soziale Netz im echten Leben, in das wir uns fallen lassen können und wo wir sicher landen. Das schenkt uns echten Halt. Wir sollten uns öfter auf den Weg machen und uns analog begegnen. Wir sollten uns in Gemeinschaften einbringen, als Gesellschaft verstehen und unseren persönlichen guten Teil beitragen. Dann schenken wir uns gegenseitig das Wertvollste, was wir besitzen: Unsere Zeit und unsere Aufmerksamkeit.

III

Umgang mit digitalem Stress: Anschalten und Abschalten für mehr Wohlbefinden und Fokus – privat und beruflich

Digitaler Alltagsstress // Digital erschöpft und analog orientierungslos

Gestresst von der Medienflut: E-Mails bearbeiten, Anrufe annehmen und Anrufe ignorieren, von Konferenz zu Konferenz springen, ohne den Bürostuhl zu wechseln, da man sich virtuell trifft. Ist ein Meeting beendet, warten elf Anrufe in Abwesenheit auf dem Mobiltelefon. Drei davon schnell abarbeiten, ehe das nächste Meeting startet, nach dem weitere zehn verpasste Anrufe dazugekommen sind.

„Was davon kann ich ignorieren?“, fragt mich ein Teilnehmer während des Coachings. „Ich hechle nur noch durch den Alltag. Die Coronapandemie hat die Thematik noch verschärft. Es wird immer mehr. Oder werde ich zu alt?“

Selbstzweifel.

„Leg dir ein dickeres Fell zu“, raten die Freunde, während er abends nicht abschalten und deshalb schlecht einschlafen kann und am nächsten Morgen wegen der schlaflosen Nacht nicht fit ist.

Es sind zu lange Arbeitstage.

Und zu viele.

Und zu viele Gedanken an die Arbeit selbst an freien Tagen.

Wo ist das Privatleben?

Und wo wartet das Alltagsglück?

„Ich weiß nicht mehr, was mir guttut und wie ich das erkenne“, berichtet er und kommt mit der Frage zu mir: „Wie kann ich besser abschalten?“

Immer erreichbar und nie ganz da: „Ich merke, dass du mir schon wieder nicht zuhörst“, den Satz höre sie in letzter Zeit oft von ihrem Partner, berichtet eine Frau während meines Coachings. Mit ihrer angestrengten Mimik, dem unruhigen Geist und den unterdrückten Emotionen, wirkt sie getrieben. Und das ist sie auch, sagt sie. Sie ist nur noch für die Arbeit da, nimmt die schönen Momente in der Freizeit nicht mehr wahr, ist nie wirklich da, sondern in Gedanken woanders. Immer auf Abruf und ständig auf dem Sprung. Sonntags ist sie schon im Montag und im Gespräch schon bei ihren E-Mails. In einem vollen Kopf ist kein Platz mehr für ein Gespräch, ein Buch, einen Sonnenuntergang, Intuition.

Das mobile Arbeiten ist eine Entlastung, auf der anderen Seite ist die Arbeit überall: In den Gedanken, im Schlafzimmer, in der Beziehung. Das Außen hat immer mehr ihr Lebenstempo bestimmt und irgendwann ist sie einfach mitgelaufen. Seither ist sie auf der Flucht: Ständig überall und selten bei sich. Gelenkt von vermeintlich wichtigen äußeren Verpflichtungen und fremden inneren Stimmen, ohne Feierabend und mit Wochenenden, in denen die Gedanken weiterarbeiten. So verpasst sie den Augenblick, viele Augenblicke, Jahre ihres Lebens und schließlich sich selbst.

Wir bleiben bewusst stehen, um im Moment anzukommen.

Es geht nicht darum, dass es gelingt – es geht darum, es zu versuchen.

Denn Ankommen ist ein Weg. Einen Weg gehen ist ein Prozess. Und Prozesse benötigen Zeit. In einer digitalen Gesellschaft, in der viele Menschen innerhalb weniger Jahre das Warten fast verlernt haben, ist ein Prozess ohne Frist oft schwer auszuhalten. Doch auch ein Burnout entsteht über Jahre, und so, wie wir nicht von heute auf morgen in eine Situation hineingeraten sind, so kommen wir auch nicht von heute auf morgen wieder aus ihr heraus. Zuerst waren wir ausdauernd in der Entstehung, dann müssen wir auch geduldig in der Auflösung sein.

Unbequeme Komfortzone

Vom Außen ins Innen kommen: Manchmal erscheint es leichter, den Blick andauernd von sich abzuwenden, als bei sich anzufangen und sich zu begegnen. Doch je länger wir uns im Außen verlieren, umso wackeliger wird unser Lebensgerüst, da wir die Stabilität vor allem in uns selbst finden. Wenn Überstunden, Überarbeitung, Entgrenzung, Aufopferung und Selbstaufgabe normal sind, wenn wir uns wichtig und richtig fühlen, weil wir immer erreichbar sind, wenn wir mit Stress und um die Hierarchie im *cc* wetteifern und darum konkurrieren, wer das Büro zuletzt verlässt, wenn sich ein Burnout wie eine gesellschaftliche Heldentat anfühlt und sich der Selbstwert aus dem Gefühl gebraucht zu werden speist, dann sollten wir den Blick auf uns selbst lenken und die innerliche Auflösung mit einem neuen Selbstbild füllen. Wir sind wertvoll, ohne etwas zu leisten.

Der Prozess, für sich selbst einzustehen, bringt uns zunächst raus aus unserer Komfortzone, aber schließlich zurück zu unserem wahren Selbst. Und je weiter wir von uns weg sind, umso näher können wir uns selbst wieder kommen. Wir müssen aber zuerst erkennen, wie unbequem die *Komfortzone* in Wahrheit ist – auch wenn wir vermeintlich alles im Griff haben. Sie erscheint nur deshalb bequem, weil sie uns vertraut ist. Weil das Altbewährte funktioniert und das Neue hingegen ungewiss ist, ist das Unangestrengte unserer Normalität nicht zwangsläufig gut, nur, weil es sich einfach anfühlt. Manchmal haben wir uns einfach nur an Schwieriges gewöhnt.

Weil sich unser Alltag aufgrund der Digitalisierung innerhalb eines Jahrzehnts stark gewandelt hat, müssen, wenn wir etwas verändern wollen, auch wir uns verändern. Persönlichkeitsentwicklung und Wachstum finden außerhalb der Komfortzone statt, da wir etwas Neues wagen müssen: Anderen Grenzen setzen und die persönliche Grenze unserer Komfortzone überwinden. Wenn wir uns im Außen verloren haben und das Leben an uns rüttelt, können wir dies als Chance betrachten, um innerlich neue Stabilität zu entwickeln. Und je stärker das Außen an uns zieht, umso wichtiger ist es, nach innen zu blicken. Wir können die Umstände nur bedingt verändern, aber die Sinnsuche findet in uns selbst ihren Ursprung. Daher müssen und dürfen wir uns selbst wieder auf die Spur bringen; unseren Werten, unserem Lebenssinn, unseren Herzensmenschen und den Momenten, die unser Herz schneller schlagen lassen.

Bei sich anfangen – vielleicht ist es das Schwerste, obwohl es zugleich das Einfachste und Mächtigste ist. Der bedeutendste Impuls ist es, die Spirale unserer Gewohnheiten und Muster in eine andere Richtung anzustoßen. Es ist der starke innere Anstoß, Verantwortung für sich und das eigene Leben zu übernehmen und in die Gestaltung zu kommen. Wenn wir das nicht tun, verausgaben wir uns weiter in den vermeintlich normalen Anforderungen unseres Alltags, die uns unsere Kraft nehmen und uns erschöpfen.

Wir brauchen eine gesunde Balance aus Freizeit und Arbeit und aus Erreichbarkeit und digitaler Pause.

Was ist dir neben deiner Arbeit wertvoll?
Was kannst du genießen?
Wer und was ist dir wichtig?
Was ist dein Ausgleich?
Wo sind deine Grenzen?
Wozu darfst du Nein sagen?

Fremdbestimmung bedingt Stress

Die digitalen Medien verändern unseren Alltag. Sie erleichtern Abläufe, aber bewirken auch digitalen Stress. Informationsflut, Multitasking und eine scheinbare Erreichbarkeit sind sogar in der Unerreichbarkeit alltäglich geworden: Sind wir eine Weile offline oder befinden uns über Stunden in einem Meeting, schreiben uns die eingegangenen Nachrichten und Anrufe während der digitalen Abwesenheit unaufgefordert eine To-do-Liste – beruflich und privat. Wenn die ständige Erreichbarkeit und das schnelle Beantworten von Nachrichten eine kollektive Verpflichtung sind, befinden wir uns in andauernder Fremdbestimmung. Können wir dieses Gefühl der Fremdbestimmung nicht gut kontrollieren, entsteht Stress. Denn Stress resultiert aus Überforderung und dem Verlust von Kontrolle.

Bis Anfang der 90er-Jahre hatten wir ein Festnetztelefon mit Wählscheibe. Hat jemand angerufen, während wir nicht zu

Hause waren, wussten wir das nicht. War es wichtig, hat die Person es erneut versucht oder an der Haustür geklingelt; war es unwichtig, blieb das Telefon still.

Zuhause – das war ein geschützter Raum, und der Arbeitsplatz war es auch. Heute ist das anders. Heute können wir digital überall überall sein und uns bekannte und unbekannte Personen können jederzeit Nachrichten für uns hinterlassen. Wir sind gewissermaßen immer anruf- und abrufbereit und fahren deshalb nur noch selten runter. Dieser neue Normalzustand tut uns nicht gut. In der Fürsorge als Eltern, in der Verantwortung als Führungskraft, in der Verpflichtung als Arbeitskraft oder in den Schablonen der inneren Antreiber, sind wir oft so lange im Korsett von Leisten, Tun und Machen gefangen, bis uns die Überforderung den Atem nimmt. In einer digitalen Gesellschaft ist die digitale Hektik inzwischen allgegenwärtig. Sie ist zwar nur subtil sichtbar und ohne plastische Papierstapel kaum greifbar, doch individuell spürbar.

Altes Stresssystem, moderne Zeit

In Fachkreisen gilt Stress als eine der größten Gesundheitsgefahren des 21. Jahrhunderts. Laut der Stressstudie 2021 der Techniker Krankenkasse *Entspann dich, Deutschland!* stehen *Schule, Studium oder Beruf* an erster Stelle der Stressursachen, gefolgt von *hohen Ansprüchen an sich selbst* auf Platz zwei sowie *ständige Erreichbarkeit durch Handy, Facebook und Co* an fünfter Stelle. Befragt wurden eintausend repräsentativ ausgewählte deutschsprachige Personen ab 18 Jahren, die den Querschnitt der volljährigen Bevölkerung in Deutschland repräsentieren.

Stress resultiert aus einem subjektiv wahrgenommenen Ungleichgewicht zwischen Anforderungen und Ressourcen. Kommt unser Gehirn durch den Abgleich unserer Erfahrungen zu dem Ergebnis, dass uns eine Situation überfordert und in diesem Augenblick als nicht zu bewältigen erscheint, werden zwei Stressachsen aktiviert, die die Ausschüttung der Stresshormone Adrenalin, Noradrenalin und Kortisol zur

Folge haben – der Körper wird in erhöhte Alarmbereitschaft, in die Kampf-oder-Flucht-Reaktion, oder in die Starre, das sogenannte *Totstellen*, versetzt.

Dieses Stresssystem ist ein evolutionsbiologischer Überlebensmechanismus und somit ein für den Notfall gemachtes Programm. Ohne diese Stressreaktion hätten wir als Menschheit nicht überlebt und noch heute funktioniert sie in Gefahrensituationen in gleicher Weise.

Doch heutzutage sind wir über die verhältnismäßig seltenen lebensbedrohlichen Gefahrensituationen hinaus von vielen niederschwelligen Reizen und Herausforderungen umgeben, die unser biologisches Stresssystem durch persönliche Trigger aktivieren: Hektik, ein voller Kalender, soziale Konflikte, persönliche Verpflichtungen, Lärm im Straßenverkehr, finanzielle Sorgen, globale Krisen, Informationsflut, die Einführung neuer Arbeitsmethoden, ständige Erreichbarkeit, Entgrenzung von Privat- und Berufsleben, Multitasking und Unterbrechungen, zu viel von allem, zu viel auf einmal …

Während sich die Umwelt über Jahrtausende radikal verändert hat, ist unser biologisches System noch immer das gleiche. Wir wandern gewissermaßen mit einem *Gehirn aus der Steinzeit* durch den modernen Alltag. Unser Stresssystem filtert nicht, ob es sich bei den überfordernden Reizen um echte Lebensgefahr oder um die Herausforderungen einer digitalen Leistungsgesellschaft in der kapitalistischen Welt handelt. Erscheinen uns die Anforderungen zu groß, empfinden wir Stress. Für eine kurze Zeit stellt das kein Problem dar, doch anhaltender Stress kann krank machen.

Mit dem Smartphone in der Tasche, der smarten Uhr ums Handgelenk und dem vollen Posteingang in den Gedanken befinden wir uns jedoch ständig im Reaktionsmodus und somit in erhöhter Alarmbereitschaft. Genau deshalb ist der achtsame Umgang mit digitalen Medien so wichtig: Für den bewussten und selbstbestimmten Gebrauch neuer Technologien und für eine gesunde Balance aus Anspannung und Entspannung.

Fragmentierung des Alltags // Warum die Reizflut unser evolutionsbiologisches System überfordert

Das Smartphone klingelt und weckt mich zu früh. Mit einem *Swipe snoozen* wir beide nochmal zehn Minuten weiter, ehe ich dem Newsfeed die wichtigsten Neuigkeiten der Welt und Social Media die Ereignisse der virtuellen Community entnehme. *Wahnsinn, wie kreativ und produktiv die anderen schon waren.* Ich bleibe hängen, bin zu spät dran, werfe über den Umweg der mobilen Browseransicht aber doch schon mal lieber einen Blick auf die eingegangenen E-Mails: Ein paar Newsletter – die lese ich nur, wenn ich viel Zeit habe – eine Bestätigung, dass meine gestrige Bestellung noch gestern Abend verpackt, das Paket an den Lieferanten übergeben wurde und dass es voraussichtlich heute Mittag bei mir eintreffen wird, und ein paar E-Mails, die ich später beantworten werde. Ich checke noch schnell das Wetter, steuere die Musik und gehe mit dem Smartphone ins Bad, in die Küche, ins Büro.

Es ist immer bei mir. Meine einzige Kollegin, ein treuer Freund und ziemlich guter Zuhörer, meine motivierte Sportpartnerin, zuverlässige Informationsquelle und vollautomatische Kamera, mein DJ, Kochbuch, Kompass, Wörter- und Notizbuch, Reisebüro, Fotoalbum, Meditationsgong, Abendprogramm, mein Telefon – *was wäre ich nur ohne dich?*

Arbeitsstart: Am Laptop beantworte ich die ersten E-Mails, da kommt samt dem Paketboten vor dem Fenster auch die Nachricht auf dem Fenster meines Bildschirms an, dass mein Paket nun an meinem persönlichen Ablageort liegt. Also hole ich es erstmal rein, entpacke es und mache mir einen Kaffee.

Dann kann es weitergehen.

Wo war ich stehengeblieben?

Im E-Mail-Fach.

Auf einige Nachrichten habe ich inzwischen eine Antwort

erhalten und einige sind mit neuen Themen dazugekommen. Also erneut zurück auf Anfang: E-Mails löschen, E-Mails beantworten, E-Mails schreiben. Mittagessen mit der einzigen Kollegin und dem treuen Freund – gemeinsam hören wir einen Podcast, den der DJ auflegt. Dann kann es endlich losgehen. Doch das Mittagstief hält mich von großen Gedanken ab. Ich google erstmal; lasse mich inspirieren und begeistern, ablenken und lenken. Ich bleibe hängen. *Wahnsinn, wie kreativ und produktiv andere waren. So viel Interessantes.* Ich fange an zu lesen und bemerke schnell: *Damit werde ich heute nicht mehr fertig.*

Wann ist Feierabend, wenn die Informationen kein Ende nehmen, die E-Mails bis in die Nacht eingehen, das Büro sich mitten im Privatleben befindet und das E-Mail-Fach in der Selbstständigkeit selbstständig mit auf das Sofa wandert?

Der Tag neigt sich dem Ende.

Ich habe weder das Gefühl etwas geschafft zu haben noch damit fertig geworden zu sein.

Während im Hintergrund die Tagesschau im Fernseher läuft, tauche ich bei einem Glas Wein noch einmal für eine Weile in die große Welt hinter dem kleinen Display in meinen Händen ein. Dieses Mal ganz privat. Nur für mich. Für mein Feierabendgefühl und einen kleinen Glücksmoment. Einfach nur sein, sitzen und entspannen.

Ich bin wie gefesselt.

Von den Inhalten.

Vom Smartphone selbst.

Abends spule ich die Kassette zurück, bleibe beim Weckerstellen an rot leuchtenden Push-Benachrichtigungen hängen, bin beeindruckt von den anderen, und stelle mit geschlossenen Augen fest, dass ich nicht einschlafen kann und dass mir beides fehlt: Die Produktivität und die Pause. Und manchmal auch die alte Kassette, die mir früher ohne viel Auswahlmöglichkeiten beim Einschlafen half.

Gute Nacht.

P.S. Und wie viel Zeit hast du heute vor einem Display verbracht?

Fragmentierter Alltag

An solchen Tagen ist mein Alltag ein digitales Mosaik aus virtuellen Fragmenten, bunt zusammengewürfelt und dann wieder wild zersplittert, sodass ich abends kein Tageswerk erkennen kann. Dieser flüchtige Fokus und das schnelle *Swipen*, dieses endlose Scrollen und das nebensächliche Hin-und-Her-Schreiben, das wilde Multitasking und berauschende Multiscreening machen etwas mit mir.

Inmitten der vielen aneinandergereihten digitalen Bruchstücke aus zweizeiligen E-Mails, kurzen Clips und unzähligen Artikeln stelle ich fest, dass es in meinem Leben kaum noch stille Momente gibt, weil ich jeden freien Moment mit dem Smartphone und seinen viel zu oft inhaltslosen Inhalten fülle.

Und wenn ich andere beobachte, sehe ich, dass es vielen so geht. Und wenn ich mit anderen spreche, höre ich, dass es vielen so geht.

Sind uns das tiefe Eintauchen und das erholsame Nichtstun abhandengekommen?

Alte Rhythmen, neues Tempo

Durch die ständige Erreichbarkeit, räumliche Entgrenzung und den unmittelbaren Zugang und Austausch von Informationen über den gesamten Globus aufgrund der digitalen Vernetzung dreht sich das alltägliche Hamsterrad immer schneller. Wir laufen hinter unbeantworteten Nachrichten hinterher, checken Informationen vor der Haustür sowie aus den entferntesten Winkeln der Erde und filtern und bewerten sie nach ihrer Relevanz für unser direktes Leben. Auf der Oberfläche unseres Planeten und auf den Oberflächen unserer Bildschirme findet Beschleunigung statt, während das Tempo der Erde im Weltraum unverändert ist.

Diese moderne, schnelle und laute Welt voller Reize überfordert unser evolutionsbiologisches System, das im Kern über Jahrtausende das gleiche geblieben ist: Im *Ruhezustand* atmen wir etwa fünfzehn Mal pro Minute ein und aus und unser Herz schlägt etwa siebzig Mal.

Doch wie oft versetzen wir unsere Geräte und uns selbst noch in den Ruhezustand?

Anstatt in die digitale Welt hinter den Displays, sollten wir öfter in die Stille und in das Nichtstun eintauchen, *abschalten* und zur Ruhe kommen.

Ein Rhythmus aus Tun und Pause

In unserer schnellen Zeit mit vollgestopftem Leben und einem reizüberfluteten Alltag brauchen wir Phasen aus ablenkungsfreier Konzentration und aus ungestörten Pausen. Dieser Zweiklang aus Fokus und Pause, aus Anspannung und Entspannung, ist inmitten des *Schneller, Weiter und Höher* und *immer mehr in der gleichen Zeit* elementar. Wir können nur kreativ, produktiv und effizient sein, wenn wir einerseits regelmäßig echte Erholung finden und andererseits phasenweise ungestört in uns selbst oder in eine einzige Aufgabe eintauchen.

Ablenkung und Multitasking // Warum eine zerstreute Aufmerksamkeit nicht die Lösung für unser volles Leben ist

In unserer modernen Welt mit unendlichen Optionen konkurriert vieles um unsere Aufmerksamkeit und Zeit. Wir leben in einer Zeit der Aufmerksamkeitsökonomie. Daher bedarf es viel Achtsamkeit, um sich der vielfältigen Ablenkungen von außen und innen bewusst zu werden, und dann einer großen Selbstkontrolle, um nicht in jede kleine Dopaminfalle des medialen Sogs hineinzutappen, sondern den eigenen größeren Interessen nachzugehen.

Weil die Welt voll ist von bunten Möglichkeiten, globalen Informationen, interessanten Aktionen, ansprechender Werbung, spannenden Menschen und banalen Ablenkungen, kommt der Ausrichtung unserer Aufmerksamkeit und dem Halten unseres Fokus eine neue Bedeutung zu.

Nur mal kurz ...: Ein Griff mit tausenden Ablenkungen

In der ständigen Suche im Außen oder in einer Suchmaschine und in den vielen Möglichkeiten der Ablenkung, die jeder einzelne Griff zum Smartphone offenhält, driften wir oft von unseren Absichten fort. Denn im digitalen Labyrinth der vielen Möglichkeiten ist es ganz einfach, falsch abzubiegen, da wir ununterbrochen buchstäblichen *ab*gelenkt werden und daher unsere ursprünglichen Vorhaben vorübergehend vernachlässigen – sofern es sie gegeben hat.

Wir alle kennen das: Wir benötigen diese eine Information aus dem Internet, greifen zum Smartphone, sehen, dass in einer Gruppe eines Instant-Messengers zehn neue Nachrichten eingegangen sind, öffnen mechanisch die App, lesen, kommentieren, warten, antworten nochmals, sind in Gedanken beim Thema des Gruppenchats, vergessen die Zeit und fragen uns Minuten später, was wir eigentlich tun wollten. *Ach ja, googeln, was Deep Work ist.*

Wenn wir immer mehr Funktionen – und dazu gehört auch das selbstständige Denken – an Computer abgeben, sind wir unablässig von zahlreichen Ablenkungen umgeben. Je seltener wir zum Smartphone greifen und je mehr Benachrichtigungen wir deaktivieren, umso weniger kann uns ablenken. Damit sind nicht alle, aber viele Ablenkungen reduziert.

Innere Ablenkungen und äußere Störfaktoren

Während einige Ablenkungen aus uns selbst resultieren – Gedanken, Hunger, Neugier, Schmerzen, Müdigkeit – sind wir oft von vielen äußeren Störfaktoren umgeben: Eingehende E-Mails, ein klingelndes Telefon, aufploppende Push-Benachrichtigungen und Erinnerungen, die nächste Aufgabe, die eine Kollegin auf unseren Schreibtisch legt, das Gemurmel des Großraumbüros. Wir werden heutzutage ununterbrochen unterbrochen, während wir unsere geistigen Kapazitäten für oft banalen Schriftverkehr nutzen und ein Teil unserer Aufmerksamkeit unablässig in die virtuelle Welt gleitet.

Doch wie erreichbar müssen wir in der Möglichkeit der ständigen Erreichbarkeit sein?

Und wie produktiv können wir in einer Kette aus digitalen Bruchstücken sein?

Jedes Mal, wenn es blinkt, vibriert oder klingelt, wird unsere Aufmerksamkeit unmittelbar umgelenkt und wir befinden uns im Reaktionsmodus. Oft beinhalten die vielen Push-Benachrichtigungen über neue E-Mails, *Tweets* oder *Posts* jedoch keine wichtigen oder dringlichen Informationen, sondern sind lediglich Unterbrechungen unseres gegenwärtigen Tuns. Ob wir gerade eine wichtige Aufgabe bearbeiten, ein gutes Gespräch führen oder einen entspannten Spaziergang machen, ist dabei unerheblich.

Die entscheidenden Fragen lauten:

Wie bedeutsam muss eine digitale Information sein, damit sie mich unterbrechen darf?

Bringt sie mich dem Beenden meiner aktuellen Aufgabe oder meinem größeren Ziel näher oder lenkt sie mich davon ab?

Sie reißt uns jedenfalls immer aus unserem gegenwärtigen Fokus und Sein heraus. Und es dauert, bis wir uns neu sammeln und wieder fokussieren können.

Multitasking und Task-Switching

Weil immer mehr auf uns einwirkt und weil immer mehr möglich ist, erledigen wir immer mehr nebenbei und somit gleichzeitig. Multitasking scheint die logische Konsequenz auf unsere Welt voller Reize, Informationen und Optionen. Doch Multitasking verursacht Stress und ist somit die falsche Lösung für eine zunehmend stärker gestresste Gesellschaft.

Wir wollen oder müssen Zeit sparen und versuchen daher auf der Überholspur schneller ans Ziel zu gelangen. Doch dass wir schneller und produktiver sind, wenn wir mehrere Dinge gleichzeitig tun, ist ein Trugschluss. Eine Gleichzeitigkeit unseres Tuns kann nur gelingen, wenn lediglich eine der ausgeführten Tätigkeiten unsere volle Aufmerksamkeit verlangt. Unser Gehirn kann nicht zwei komplexe Handlungsstränge zu einer Zeit ausführen. Und wir können unsere Aufmerksamkeit nicht gleichzeitig auf zwei Dinge richten.

Wir können also einen bekannten Weg gehen und dabei eine angeregte Diskussion führen. Wir können aber nicht die gleiche angeregte Diskussion in derselben Qualität führen, wenn wir zeitgleich eine uns unbekannte Strecke zu einem bestimmten Ziel zurücklegen wollen. Dann benötigen wir die Aufmerksamkeit zur Orientierung – oder eben für das Gespräch.

Wenn wir mehrere Dinge gleichzeitig tun, ist unsere Aufmerksamkeit zerstreut. Multitasking ist nichts anderes als der ständige Wechsel unserer Aufmerksamkeit zwischen zwei oder mehreren Tätigkeiten, die wir nur scheinbar gleichzeitig ausführen. Es handelt sich daher nicht um Multitasking, sondern um *Task-Switching*, das Wechseln von Aufgaben.

Professorin Sophie Leroy von der Universität Minnesota konnte bei diesem ständigen Wechsel einen sogenannten *Aufmerksamkeitsrückstand* feststellen[13]. Da ein Teil der Aufmerksamkeit bei der ursprünglichen Tätigkeit verbleibt, können wir unser volles Leistungspotential nicht ausschöpfen. Es dauert, bis wir erneut so konzentriert sind wie vor der Unterbrechung. Außerdem verbraucht das Gehirn mehr Energie.

Diese ständige Umlenkung der Aufmerksamkeit verringert die Konzentrationsfähigkeit. In der Folge werden Informationen oberflächlicher verarbeitet, es entstehen mehr Fehler, wir benötigen mehr Zeit und beenden weniger Aufgaben. Wir sind also weniger produktiv und die Qualität unserer Leistung sinkt.

Beim Lesen digitaler Texte stellen bereits jedes *Pop-up* und jeder Hyperlink eine Ablenkung dar, da sich hinter dem potenziellen Klick eine neue Option verbirgt. Sehr schnell wägen wir – meist unbewusst – ab, ob der Inhalt für uns interessant oder relevant ist und ob wir diesem Link folgen sollten oder den ursprünglichen Text weiterlesen. Dieses kurze unweigerliche gedankliche Abschweifen reduziert das Leseverständnis.

Unser Gehirn muss all die auf uns einwirkenden Reize verarbeiten, bewerten und sortieren – auch die, die unser Bewusstsein nicht erreichen. Je mehr auf uns einwirkt, umso mehr mentale Kapazitäten werden beansprucht. Studien belegen, dass bereits das auf dem Schreibtisch liegende Smartphone einen Teil unserer Aufmerksamkeit auf sich zieht, denn auch der Prozess des Ignorierens beansprucht Ressourcen unseres Gehirns. Hinsichtlich unserer Konzentrationsfähigkeit macht es demnach einen Unterschied, ob sich das Smartphone sichtbar auf dem Tisch, in der Tasche oder in einem anderen Raum befindet.[14]

Achtsamkeit als sinnvoller Gegenentwurf zu Multitasking

In einer Welt voller Ablenkungen wird die bewusste Ausrichtung unserer Aufmerksamkeit immer bedeutungsvoller. Oft bemerken wir nicht einmal, wenn sie eingefangen oder umgelenkt und von wem sie auf welche Inhalte gelenkt wird. Doch nur, worauf wir unsere Aufmerksamkeit richten, wird zu unserer subjektiven Wirklichkeit.

Die Konsequenz auf unser volles und schnelles Leben sollte daher nicht weitere Beschleunigung und Zerstreuung, sondern Entschleunigung und Fokussierung sein. Wir sollten uns das Multitasking wieder abgewöhnen und öfter nur eine Sache zu einer Zeit machen. Singletasking verhilft uns zu mehr Fokus und Qualität und bringt uns zurück in den gegenwärtigen Moment.

Während die achtsame Haltung die Aufmerksamkeit bewusst auf ein uns äußerlich umgebendes oder innerlich auftauchendes Ereignis lenkt, zerstreut Multitasking sie. Damit ist Achtsamkeit das Gegenteil von Multitasking. Anstatt auf der Überholspur Zeit sparen zu wollen, könnten wir viel Ruhe und Zufriedenheit in unser Leben bringen, wenn wir wieder öfter eins nach dem anderen tun.

Fokus im Kleinen // Warum konzentriertes Arbeiten glücklicher macht

Konzentration leitet sich von dem lateinischen Wort *concentra, zusammen zum Mittelpunkt,* ab und ist die Fokussierung unserer Aufmerksamkeit. Genau wie die achtsame Haltung, ist auch die Konzentration eine Fähigkeit, die wir trainieren können, die wir aber in jedem Augenblick neu aufrechterhalten müssen.

Worauf lenke ich jetzt meine Aufmerksamkeit?
Was ist für mich persönlich wichtig?
In welche Aktivität möchte ich mich vertiefen?
Und welches größere Ziel verfolge ich langfristig?

Im Hier und Jetzt bedeutet Fokus, mit der Aufmerksamkeit bei unserem gegenwärtigen Sein oder Tun zu sein. Der langfristige Fokus beruht auf der Klarheit über die Ausrichtung unseres Tuns im Allgemeinen: *Wozu sage ich Ja, und was lehne ich ab?*

Nein zu sagen und damit Angebote und Optionen abzulehnen, die uns nicht interessieren, fällt uns aus zwischenmenschlichen Gründen oder aufgrund innerer Antreiber manchmal schwer. Als soziale Wesen möchten wir niemanden zurückweisen. Die noch größere Kunst besteht darin, auch das für uns Spannende abzulehnen, wenn es uns von unserem aktuellen oder einem größeren Ziel ablenkt. Dafür müssen wir zunächst wissen, was das ist. Wer das eigene Ziel kennt und den Fokus hält, kann leichter *Ja* und *Nein* sagen, weil innere Klarheit existiert. Diese innere Klarheit gilt es in einer Welt voller Bildschirme und Möglichkeiten zu schützen.

Was macht die zerstreute Aufmerksamkeit mit uns?

Die digitale Reizüberflutung zerstreut unsere Aufmerksamkeit in alle Richtungen: Ein voller *Schreibtisch*, digitale Papierstapel und unzählige geöffnete *Tabs*, das Privatleben in der Hosentasche und E-Mail-Ping-Pong während Online-Meetings

– mit dem Büro zu Hause und dem Zuhause im Büro, mit dem Körper im analogen Hier und den Gedanken im digitalen Dort, sind wir überall ein bisschen und nirgends ganz.

Unser Geist ist unruhig. Sein Normalzustand ist das Produzieren von Gedanken und schon immer suchten Menschen nach Methoden zur Fokussierung. Doch digitale Medien wirken durch das Dauerfeuer an Informationen und den schnellen Wechsel von Reizen wie ein Brandbeschleuniger für den sprichwörtlichen *Affen in unserem Kopf*. Durch die schnellen Belohnungen und Erfolge, die sogenannten *Quick Wins*, lassen wir uns schnell von kurz- und langfristigen Zielen ablenken.

Was macht diese Zerstreuung mit unserer Aufmerksamkeit und unserer Konzentration?

Wie gut können wir den Impulsen von Ablenkung und Berieselung widerstehen?

Wie lange können wir bei einer einzigen Sache bleiben?

Können wir den Zustand tiefer Konzentration erreichen?

Stellen wir selbst oder unser berufliches Umfeld die Bedingungen dafür bereit?

Wieviel Mehrwert können wir erschaffen, wenn wir ununterbrochen unterbrochen werden und unablässig mit einem Teil unserer Aufmerksamkeit woanders sind?

Sind wir nur beschäftigt, oder sind wir effizient?

Und wie zentriert gehen wir in den Feierabend und durch unser Leben, wenn das ewige gedankliche oder tatsächlich ertönende Pling und die stumm fordernde und oft unterfordernde ständige Erreichbarkeit Tag für Tag an uns zerrt?

Diese Fragen stelle ich nicht vor dem Hintergrund maximaler Effizienz, Produktivität oder eines immer neuen Mehrwerts. Ich möchte vielmehr hinterfragen, wie selbstbestimmt und zufrieden wir am Tages- oder Jahresende sind, nachdem wir über viele Stunden oder Monate tätig waren.

Was haben wir bewirkt und was macht das mit uns?

Mich interessiert:

Tut uns unser Tun gut?

Deep Work nach Cal Newport

Eine Methode für konzentriertes Arbeiten: Ablenkung ist einfach, Fokus kann hingegen eine Herausforderung sein. Vor allem, wenn Ablenkung der Normalzustand ist. Dann müssen wir unser Gehirn umprogrammieren und wieder lernen, ohne ständige Ablenkung, Verbindung und Unterbrechung zu sein und gleichzeitig die Fähigkeit der Konzentration trainieren. Es lohnt sich.

Das schnelle Beantworten von E-Mails schenkt uns ein Gefühl von Produktivität. Doch die ununterbrochene Kommunikation sowie das Erledigen kleiner Aufgaben sind laut dem amerikanischen Informatiker und Autor Cal Newport nichts anderes als *Geschäftigkeit*. Er unterscheidet zwischen *Shallow Work* und *Deep Work*. Während *Shallow Work* Aufgaben beinhaltet, die kognitiv anspruchslos und oft logistikorientiert sind sowie häufig unter Ablenkung und daher bei oberflächlicher Konzentration durchgeführt werden, beschreibt *Deep Work* eine Arbeitsmethode der ablenkungsfreien Konzentration. Diese Fähigkeit ist nicht neu, doch sie wird inmitten von Multitasking, Reizüberflutung und ständiger Erreichbarkeit immer bedeutsamer.

Die Inhalte von *Deep Work* sind oft sehr wichtig, aber nicht dringlich. Deshalb rücken wir sie durch die vermeintliche Priorität dringlicher Aufgaben nach hinten. Doch inmitten der vielen Kommunikationskanäle und unzähligen digitalen Ablenkungen ist es essenziell, den Fokus auf die wichtigen Elemente zu setzen, unsere Ziele zu verfolgen und uns dafür Zeit freizuhalten, damit wir öfter die richtigen Dinge tun.

Laut Cal Newport können wir unser volles Potential ausschließlich in einem Zustand der ablenkungsfreien Konzentration entfalten. Wenn wir auf diese Weise tätig sind, surfen wir nicht mehr an der Oberfläche des *World Wide Web* oder auf den unruhigen Wellen unseres Posteingangs – wir tauchen tief. Durch dieses tiefe Eintauchen in eine Tätigkeit und den vollen und ablenkungsfreien Einsatz unserer kognitiven Fähigkeiten können wir das eigene Potential ausschöpfen und besondere Ergebnisse kreieren. Wir gehen ganz in einer Sache auf und bewirken etwas. Wir wirken. Und das ist sinnstiftend.[15]

Flow nach Mihály Csíkszentmihályi

Wenn Konzentration glücklich macht: Sind wir während der intensiven Konzentration intrinsisch motiviert, ist es wahrscheinlich, dass das mentale Eintauchen einen *Flow-Moment* bewirkt. Der Psychologe und Glücksforscher Mihály Csíkszentmihályi untersuchte das Phänomen des *Flows* bereits in den 1970er Jahren. Ein *Flow-Gefühl* können wir sowohl im Sport, während einer schöpferischen Tätigkeit als auch bei der Arbeit erleben. Voraussetzung dafür ist, dass die Tätigkeit unseren Werten und Stärken entspricht. Sie darf uns außerdem weder unter- noch überfordern, muss also die richtige Balance aus Herausforderung und Machbarkeit darstellen, sodass beim Ausführen stets das Gefühl von Kontrolle, im Sinne von *alles im Griff zu haben*, vorhanden ist. Zudem sollte sie einem klar definierten Ziel folgen und die Möglichkeit bieten, den Erfolg überprüfen zu können.

Sind diese Komponenten gegeben, dann tauchen wir ganz in eine Tätigkeit ein und gehen in dem auf, was wir gerade tun. Alles fließt. Alles geht ineinander über. Alles erscheint leicht und spielerisch, obwohl wir vollkommen fokussiert und hoch konzentriert sind. Dieses *Fließen* im Tun verlieh der Theorie ihren Namen.

In diesem Zustand, in dem Handlung und Bewusstsein verschmelzen, sind wir für Ablenkungen unempfänglich. Wir vergessen Raum und Zeit und förmlich uns selbst. Auch für Grübeleien, Sorgen oder Nebensächlichkeiten lässt die zentrierte Aufmerksamkeit keinen Raum. Ein *Flow-Moment* ist ein Glücksmoment; eine Tätigkeit, die geprägt von der Freude an der Sache selbst ist, eine sogenannte autotelische Erfahrung: Die Belohnung erfolgt nicht erst durch das Ergebnis, sondern bereits durch die Tätigkeit selbst. So kann die tiefe, ablenkungsfreie Konzentration glücklich machen.

Schreiben

Ich kenne das *Flow-Gefühl* vom Schreiben. Und ich schreibe gerne, wenn ich Zug fahre. Dann tauche ich in ein neues Dokument ein, das sich im Laufe der Fahrt mit Worten füllt. Ich klappe den Laptop auf, gehe in den Flugmodus und fahre los. Die Hintergrundgeräusche betreffen mich nicht und die Ablenkungsquellen sind abgedreht. Ich versinke in den Buchstaben, vergesse Zeit und Raum und tauche mit rot leuchtenden Wangen zufrieden wieder auf. Manchmal weiß ich nicht genau, wo ich bin, doch sicher dem Ziel ein Stück näher – meinem Ankunftsort und der Fertigstellung meines Textes.

Dieses tiefe Eintauchen mit Tiefgang macht mich glücklich. Das konzentrierte Arbeiten macht mich nicht müde, sondern belebt mich. Es fordert, aber überfordert mich nicht. Und obwohl ich bis in meine Heimat mindestens sieben Stunden unterwegs bin, fühlen sich die Zugfahrten, wenn ich schreibe, so an, als würde ich nach dem Einsteigen sogleich wieder aussteigen.

Für andere mag das verrückt klingen, wenn ich meine freie Zeit mit konzentriertem Schreiben verbringe, doch für mich ist es eine Form der Entspannung. Als ich mich im Sommer 2022 dazu entschloss, dieses Buch zu schreiben, war das bei einem Blick in meinen Kalender ziemlich verrückt. Doch ich sehnte mich nach Kreativität, Impulsen, Sinnhaftigkeit und einer geistigen Herausforderung. Ich sehnte mich nach der schöpferischen Zeitlosigkeit, in der die restliche Welt stillsteht und machte mich auf den Weg. Denn der Weg war mein Ziel – ich schreibe, um zu schreiben.

Arbeitsflow

Von müde und zerstreut zu fokussiert und sinnstiftend: In einer Studie des Leibniz-Instituts für Arbeitsforschung an der TU Dortmund wurde beobachtet, dass Personen, die einen Arbeitstag mit hoher Belastung hinter sich hatten, am Abend weniger vital und stark erschöpft waren. Die drei Autoren der Studie stellten aber anderseits auch fest, dass diejenigen, die während des Arbeitstags einen *Flow-Zustand* erlebt hatten, in der Lage waren, weiterhin motiviert und vital zu bleiben, und Erschöpfungszustände vermeiden konnten.

Belastung kann also die Vitalität und Motivation beeinträchtigen. Wenn eine Person es aber schafft, *Flow-Zustände* zu erreichen, kann die Motivation sogar gesteigert werden und der Arbeitstag beschwingt statt erschöpft beendet werden. Das Erreichen der *Flow-Zustände* hängt laut der Studie vom sogenannten *Active Commitment* ab. Damit ist gemeint, wie sehr sich eine Person mit dem Unternehmen, der Arbeitsgruppe oder dem Auftrag identifiziert und die jeweiligen Ziele zu den eigenen macht. Je besser unsere Arbeit uns gefällt und uns und unseren Werten entspricht, umso größer ist die Chance, *Flow-Zustände* und Zufriedenheit zu erleben.[16]

Zeiten für Arbeitsflow bereitstellen

Einen *Flow-Moment* zu erschaffen, gelingt jedoch nicht nach unmittelbarer Aufnahme einer Tätigkeit. Es bedarf einer Zeit ungestörter und ablenkungsfreier Vertiefung.

Doch wie oft lässt unser voller und getakteter Alltag diese Lücken zu? Wie oft gibt es die leisen Momente, in denen niemand anklopft, anruft oder vor uns steht – und auch wir selbst uns nicht ablenken – sodass wir ganz in einer Sache aufgehen können?

Wenn das Ziel unserer Tätigkeit und der Wert unseres Tuns nicht in der ständigen Erreichbarkeit und der unmittelbaren Reaktion liegen, sind Zeitfenster ohne Störquellen und Ablenkungen elementar für gute Ergebnisse und neue Lösungen. Sind diese nicht vorhanden, sollten wir sie uns durch unser eigenes Verhalten, oder indem wir uns für Rahmenbedingungen einsetzen, in denen wir zeitweise ungestört einer Aufgabe nachgehen können, ermöglichen. Denn die vielen Unterbrechungen stören den Arbeits*flow*.

Wir brauchen Phasen ungestörter Konzentration und das Wissen darum, dass wir in dieser Zeit ungestört wirken können. Im besten Fall liegen diese bereitgestellten Zeitfenster in den Phasen der individuell höchsten Konzentrationsfähigkeit.

Wenn wir uns konzentrieren, sind wir nicht mehr ständig abrufbereit und erreichbar und wirken auf andere vielleicht sogar weniger präsent oder weniger produktiv. Doch wir werden bessere Ergebnisse erbringen, unsere Ziele erreichen und zufriedener sein. Denn das Eintauchen stiftet größeren Mehrwert als das ständige Unterbrochenwerden und andauernde Zerreißen gedanklicher Fäden, die wir mit in den Feierabend nehmen und am nächsten Tag neu aufnehmen müssen.

Ordnung ermöglicht Fokus

Natürlich ist es nicht allein der digitale Stress, warum wir unsere kleinen und großen Ziele und manchmal auch uns selbst aus den Augen verlieren. Aber die unzähligen Online-Schnipsel und E-Mails, der mediale Sog und das stete Reagieren in einer Welt voller Möglichkeiten und Ablenkungsquellen tragen heutzutage doch einen großen Teil dazu bei.

Es ist wichtig zu wissen, was für uns wichtig und unwichtig ist. Wenn wir unsere Werte, Stärken und Ziele kennen, können wir in die Gestaltung kommen und unseren Fokus sowohl kurz- als auch langfristig ausrichten. Denn Klarheit schafft Fokus und Fokus lädt unser Tun mit Energie auf.

Wenn wir uns auf das Wichtige ausrichten, wissen wir, wozu wir Ja sagen und welche Optionen wir ablehnen. Wir können Ablenkungen ausblenden. Wir sind produktiv. Wir kommen zu einem Ergebnis und zu einem Ende. Wir können einen Haken setzen, im Feierabend ankommen, den Kopf ausschalten und den Abend genießen. Wir sind zufriedener.

Ich bin es zumindest.

Denn wenn ich mich ablenke und ablenken lasse, machen sich die Zerstreuung und das Chaos als Unzufriedenheit breit. Wenn mein Leben unaufgeräumt ist, bin ich nicht fokussiert und es stagniert auch alles andere. Die fehlende Ordnung verhindert Konzentration. Meine Gedanken können nicht frei fließen, weil sie an den unerledigten Dingen hängen und ein voller Schreibtisch die Metapher meines Kopfes ist.

Dann heißt es: Aufräumen – äußerlich, innerlich und digital. Klarheit schaffen und mich neu ausrichten. Es ist ein ewiger Prozess. Mit der immer gleichen Erkenntnis: Weniger ist mehr. Nur mehr Fokus ist gut.

Digitale Ordnung // Warum sie wichtig ist und wie man sie erschafft und hält

Ein Desktop voller Dateien, ein überfüllter Posteingang, zahllose Ordner und zig geöffnete *Tabs*; gedankliche Eselsohren und digitale Lesezeichen erinnern an die Sammlung aus Screenshots und gespeicherten Beiträgen – ich komme vom Hundertsten zum Tausendsten ins Unendliche. Ich fange immer Neues an und komme deshalb nie bei einem Ende an. Aufgrund des ständigen Kommunizierens und wegen des Konsumierens der unendlichen Informationen, kreativen Grafiken und digitalen Bruchstücke schiebe ich das Produzieren vor mir her – und das Aufräumen auch. Ich glaube, ich bin ein digitaler Messie, obwohl ich digitale Minimalistin sein möchte. Studien[17] belegen schon lange die negativen Auswirkungen von materieller Unordnung auf unsere Gesundheit und Produktivität. Nun zeigt die Forschung, dass es sich beim digitalen Sammeln genauso verhält.[18]

Weniger ist mehr: Es geht ums Selektieren

Die Digitalisierung soll uns den Alltag erleichtern. Doch manchmal habe ich das Gefühl, dass wir durch die unendlichen digitalen Möglichkeiten und die damit einhergehenden schnelleren Abläufe die Zeit lediglich mit neuen Inhalten und Aufgaben füllen. Dieser Informationsüberfluss und das Überangebot von Produkten, Lesestoff und Unterhaltung binden unsere Aufmerksamkeit und Zeit. Manchmal endet die große Auswahl sogar in dem Unvermögen, eine Entscheidung treffen zu können.

Konnten wir durch die vereinfachten Abläufe wirklich Anstrengungen reduzieren und Zeit für das Wesentliche gewinnen?

Oder öffnet das Vereinfachen in einer komplexen Welt mit unzähligen Möglichkeiten lediglich neue Türen mit weiteren Optionen und verursacht damit eher Stress als Erleichterung?

Es kommt immer mehr bei uns an und wir senden immer mehr aus: Wir schreiben nicht mehr einen Brief, sondern zwanzig E-Mails; wir nehmen nicht mehr fünf ausgewählte Fotos auf, sondern einhundert zur Auswahl; wir *downloaden*, speichern, notieren – *doch sortieren wir unser digitales Leben auch?*

Wie viele Apps hast du – und wie viele davon nutzt du?

Wie groß ist dein digitales Fotoalbum – und wie oft schaust du es dir an?

Wie viele Beiträge hast du gespeichert – und wie oft kommst du auf sie zurück?

Wie viele Newsletter erhältst du – und wie viele davon liest du?

Die stagnierende Energie im Posteingang

In meinem Posteingang stauen sich Nachrichten, deren Bearbeitung mehr Zeit beansprucht als ich gerade habe, und Newsletter mit Infos, die ich mir in Ruhe ansehen möchte. Fast automatisch stelle ich sie nach dem Überfliegen auf Wiedervorlage. Dieses *Öffnen, Überfliegen und Als-Ungelesen-Markieren* ist im Laufe der Zeit zu einer unbewussten Routine geworden, die aus eingegangenen Nachrichten Aufgaben macht. Das digitale Prokrastinieren begann, als ich die App für E-Mails auf meinem Smartphone installierte. Denn ich schreibe nicht gern auf meinem Smartphone, aber ich schaue gern nach, was es Neues gibt. Und so betreibe ich gekonnt die unsortierte Ablage, während mit dem unsichtbaren Stapel auch die Unzufriedenheit wächst. Doch vom Aufschieben verschiebt sich nichts. Im Gegenteil: Es blockiert mich nur.

Was hole ich eigentlich täglich aus meinem Briefkasten heraus?

Vielmehr: *Nicht mehr heraus?*

Viele Nachrichten nehme ich schlicht nur zur Kenntnis. Die monatlichen Rechnungen öffne ich nicht einmal und sortiere sie gewissermaßen samt Briefumschlag aus. Das würde mir auf dem analogen Weg nicht in den Sinn kommen. Im digitalen Briefkasten hingegen ist es nur ein Klick aus Gewohnheit.

Wäre mein E-Mail-Postfach eine Kommode, sie hätte ungeordnete Schubladen, über deren Inhalt ich längst den

Überblick verloren hätte. Am Datum der untersten E-Mail sehe ich, wie gut das Ablegen und wie schlecht meine Ablage funktioniert. Doch außer mir bekommt das niemand mit. Niemand stolpert über von mir Liegengelassenes oder stößt beziehungsweise stört sich daran, und der Briefkasten quillt nicht über. Das unbegrenzte Datenvolumen stellt mir immer neuen Platz zur Verfügung.

Doch ich spüre dieses Chaos und die Aufgaben, die die Unordnung beinhaltet. Im Feng-Shui spricht man von stagnierender Energie. Und diese fühle ich. Wie Knoten in den Schnürsenkeln, Staub auf der Fensterbank oder einen Streit, der in der Luft liegt. Natürlich kann man mit allem leben oder es ein Leben lang ausblenden, aber es fühlt sich besser an, wenn die Dinge entknotet, geputzt und geklärt sind. Oder eben: Wenn der digitale Posteingang wieder dem geleerten Briefkasten vor der Haustür gleicht.

Leere Schränke, volle Speicher

Dass die Unordnung in der Welt hinter dem Bildschirm nicht so schlimm ist, weil sie niemand sieht, hört sich nach erlaubtem Zurümpeln an. Für mich ist die digitale Ordnung Spiegel der analogen Ordnung und diese ist ja bekanntlich der Spiegel des Selbst. Sind die Ordner vollgestopft und ist der Desktop mit Dateien zugepflastert, setzt sich das Chaos vermutlich auch in anderen Bereichen fort.

Ordnung ist das eine, die Masse das andere: Die Digitalisierung macht zwar sehr vieles einfacher und minimalistischer, doch sie ermöglicht auch unbegrenztes Horten von Dateien, Fotos, Screenshots, Videos, Nachrichten, E-Books.

Auf meinem Smartphone befinden sich so viele Fotos, dass ich zwischen all den banalen Momentaufnahmen die Bilder besonderer Augenblicke nicht finde. Es sind so viele Screenshots mit interessanten Informationen, dass die einzelne Notiz in der Masse versinkt. Das Grenzenlose hat uns maßloser gemacht. Es ist das Zuviel, das den Blick auf das Wesentliche verstellt. In Wahrheit ist weniger mehr und das Wenige wertvoller, weil ich weiß, was ich habe und wo ich es finde.

Dass wir auf zwei Zentimeter dünnen Geräten ganze Archive horten, macht uns nicht weniger zu einem Messie, nur weil es niemand sieht. Die Vorstellung, was man manchem Computer oder Smartphone entnehmen würde, müsste man alle Dateien wieder in Papierform in Schränken verstauen, verdeutlicht:

Auch wenn die digitalen Technologien aufgrund ihrer vielen Funktionen zahlreiche Geräte ersetzen, besitzen wir heutzutage nicht weniger.

Wir besitzen es nur auf eine andere Art.

Es geht um das Weniger und um das Identifizieren des persönlich Wesentlichen – so wie immer.

So wie überall.

Ein ganzes Leben lang.

Denn je weniger wir besitzen, umso weniger kann uns ablenken. Alles, was uns umgibt, digital und in unserem Außen, bindet unsere Aufmerksamkeit – Unordnung sowieso. Ein aufgeräumtes Leben hingegen bringt Klarheit und ermöglicht Fokus. Solange digitales Chaos herrscht, nutzen wir die Vorteile der modernen Technologien nicht richtig. Erst wenn wir unser digitales Privatleben und Büro organisieren, wird der Alltag durch die Digitalisierung wirklich leichter und erleichtert. Denn wenngleich er nichts wiegt, fällt der unsichtbare Ballast des digitalen Chaos doch ins Gewicht.

Vom Chaos zur Ordnung

Ich wollte mich nicht länger in meinem zettellosen Büro verzetteln, sondern ein System für mehr Ordnung und Struktur erschaffen. Und so verbrachte ich Stunden, Tage, Wochen mit dem Sichten, Sortieren und Löschen der papierlosen Ablage. Es war eine Zerreißprobe, ohne etwas zerreißen zu können. Denn das bewegungslose Sitzen vor dem Bildschirm und das subtile Bewegen von Dateien können mir das gute Gefühl vom Aufräumen eines Schranks nicht schenken.

Lange bevor ich dieses Buch schrieb, öffnete ich den Laptop

und das Smartphone und entleerte die virtuellen Schränke und Schubladen: Unendliche Fotos, an unterschiedlichen Orten gespeichert, Dateien, Buchstabensalate, Wortfetzen, Informationen. Teils Belangloses, doch oft viel Wissenswertes, für mich persönlich Relevantes. Screenshots und Ideen, die ich in verschiedenen digitalen Notizbüchern und Organisationstools notiert hatte – Chaos.

Inhaltsreiche Artikel, gute Gedanken und schöne Worte sind beim Ausmisten meine größte Herausforderung. Als ich einer Freundin von meinem Vorhaben erzählte, die digitalen Dateien zu sichten und ordnen, schmunzelte sie und erzählte von ihrer Leidenschaft: Sie ist begeistert von Design und schönem Wohnen und war vor einigen Jahren auf der Suche nach einer neuen Couch. Also sammelte sie Bilder von Sofas, die ihr gefielen, im Stoff, der sie ansprach, in Farbtönen, die sie mochte und war am Ende völlig überfordert. Als sie einer Freundin ihre Auswahl zeigte und erzählte, dass sie einfach keine Entscheidung treffen könne, antwortete diese: „Du hast dich doch längst entschieden. Die sehen doch alle gleich aus: Du willst ein Ecksofa aus Leinen in zementgrau."

Ich musste lachen. Und konnte von diesem Zeitpunkt an in Kategorien denken.

Es war anstrengend. Und niemand sah es. *Verrückt.* Aber ich fühlte mich mit jeder verrückten Datei befreiter, leichter und aufgeräumter.

Habe oder weiß ich es schon?
Brauche ich das wirklich?
Welcher Mehrwert verbirgt sich darin?
Und wo setze ich es an?

Gedanklich zerriss ich die bearbeiteten oder aussortierten Dateien wie Papier und legte aus den verbleibenden mein persönliches Puzzle. Je weniger Teile es waren, umso einfacher und besser fühlte es sich an: Das Aufräumen, das Arbeiten, das Leben. Es entstanden Klarheit und Lücken und so eröffnete sich Raum für das Wesentliche.

Was können wir tun? Digitales Entrümpeln und Ordnung halten

Die Welt verschiebt sich weiter ins Digitale und dort verschiebt sich nichts von selbst. Deshalb sollten wir den digitalen Raum zunächst genauso entrümpeln und schließlich ordentlich halten wie unser analoges Leben. Es gilt, ein persönliches System zu erschaffen, welches das Unwichtige löscht, das Wichtige bewahrt und das Bewahrte sortiert. Wenn das Außen sortiert ist, sind wir es auch. Und andersherum.

Mögliche Ziele einer nachhaltigen digitalen Ordnung:

- Löschen von Unwichtigem
- Erstellen einer übersichtlichen Ordnerstruktur
- Anlegen von Fotoalben
- Speichern der Dateien nach einheitlichem Dateinamensystem (Zum Beispiel: Jahr/Monat/Inhalt)
- Analoges in das Digitale übertragen, um weitestgehend papierlos zu arbeiten
- Jede Information nur einmal speichern
- Synchronisiertes Arbeiten von allen Geräten aus
- Ein aufgeräumter beziehungsweise leerer Posteingang (*Inbox Zero*)
- Ein aufgeräumter Schreibtisch (*Clean Desk*) – analog und digital
- Ein aufgeräumtes Smartphone – Adressbuch pflegen, ungenutzte Apps und Apps, die ablenken, deinstallieren
- Den Prozess des digitalen Sortierens als festen Bestandteil in den Alltag integrieren, um die Ordnung zu halten (Zum Beispiel Aufräumen des Posteingangs vor Feierabend oder dem Wochenende, wöchentliches Pflegen der digitalen Ablage, Löschen und Sortieren der Fotos und Videos am Monatsende)

Genau wie beim analogen geht es auch beim digitalen Entrümpeln darum, das Problem an der Wurzel zu lösen: Wir müssen den Input reduzieren. Wenn wir weniger digitale

Daten ansammeln, schwinden auch die Ablenkungsquellen und es sinken der zeitliche und mentale Aufwand, die vielen Daten auf Relevanz zu filtern und sie schließlich zu verwalten. Denn wir können unsere Aufmerksamkeit besser einsetzen.

In der Fülle von Information und Kommunikation geht es um das Reduzieren, Selektieren und Formulieren: Wir sollten ausgewählter fotografieren – also nicht jeden beliebigen Augenblick zehnfach digitalisieren, um ihn dann nie wieder anzusehen oder uns zu lange mit der Auswahl beschäftigen – sondern den Augenblick achtsam wahrnehmen und genießen. Wir sollten nur die Apps auf unseren Smartphones haben, die wir nutzen und die uns in unserem Alltag unterstützen, öfter telefonieren, E-Mails besser formulieren und schweigen, wenn alles gesagt ist. Wir sollten die Newsletter abbestellen, die wir nicht lesen oder die ohne Mehrwert für uns sind und um Änderung bitten, wenn wir regelmäßig, doch unnötigerweise, in *cc* gesetzt werden.

Je weniger Daten bei uns ankommen und je mehr Ordnung und Struktur wir in unsere digitalen Schubladen und Schränke bringen, umso weniger lenkt uns ab und umso mehr Raum und Zeit gewinnen wir. So leben wir auch auf digitaler Ebene minimalistisch. Wir können uns besser auf das Wesentliche fokussieren und haben Zeit für das, was uns persönlich wichtig ist.

Fokus im Großen // Warum wir in uns hineinspüren müssen, um selbstbestimmt im Außen wirken zu können

Was ist das für uns persönlich Wesentliche?

Welche Werte leben wir?

Welche Ziele verfolgen wir?

Worauf wollen wir unsere Aufmerksamkeit und Energie verwenden? Kennen wir die Richtung in unserem Leben? Ist es die richtige?

Als Kinder träumten wir groß. So wie wir die ersten Striche aufs Papier brachten und in der bunten Kritzelei unsere Familie, Landschaften oder Sonnenuntergänge erkannten, so träumten wir auch grenzenlos. Wir konnten Möglichkeiten erahnen, die andere nicht sahen. Rationale Beschränkungen kannte unser Verstand nicht. Ohne Rahmen malten wir über das Blatt hinaus den Holztisch an. Es gab keine Begrenzungen, kein *Richtig* und kein *Falsch* – daher legten wir auch unseren Wünschen und Seelenträumen keine Fesseln an. Sie hatten Spielraum, Platz zur Entfaltung – genau wie wir.

Das Leben hatte uns weder geformt noch konnte es uns vor geschlossene Schranken stellen, weil wir noch unten durch passten. Es war einfach, zeitlos und zum Glück kinderleicht.

Erinnerst du dich noch an deine Kindheitsträume? An das Übermalen, die sprudelnden Ideen und den Glauben, dass Wünsche in Erfüllung gehen und der Schmerz nachlässt, wenn jemand pustet? Wir waren gigantische Freigeister, Gedankenkünstler und Meister der Achtsamkeit.

Dann kamen die Zeugnisse, die Einteilung in *gut* und *schlecht*, in *das gehört sich* und *das gehört sich nicht*. Es kamen das Schablonenausmalen und die Pflichtfächer, das Stillsitzen und das Nachsitzen, die Grammatik und die Glaubenssätze. Wir lernten, was der Lehrplan vorsah – was ureigen in uns war, rückte allmählich in den Hintergrund: Gedankenlos überzumalen, nach Lust und Laune zu leben und bedingungslos an unsere Träume zu glauben.

Das Leben gestalten

Wir können diese kindliche Weisheit unseres Wesens jederzeit wiederentdecken und dürfen so manches vergessen, was der Lehrplan vorsah. Wir können uns von dem Freigeist, der Gedankenkunst und der Achtsamkeit der Kinder inspirieren lassen und unser Leben in jedem Augenblick neu ausrichten.

Denn dieser freie und lebendige Kern liegt lediglich unter den Schablonen, Pflichten und Ablenkungen verborgen. Er verschwindet nicht – wir können ihn im lauten, schnellen, virtuellen Leben und unter den Schichten kultureller, gesellschaftlicher und familiärer Prägungen und Normen nur manchmal nicht hören. Und weil unser modernes Leben sehr außenorientiert und materialistisch ist, ist es oft schwierig, in Kontakt mit unserem Innen zu sein. Sobald wir jedoch leise werden, gelangen wir zurück zu unserem Wesenskern. Er weist uns den Weg, weil er die kindlichen Träume, unsere Werte, Ziele und Visionen und den inneren Kompass kennt und nie vergessen hat. Wir können uns von außen nach innen näherkommen und unsere Ziele dann von innen nach außen verwirklichen, indem wir den Fokus auf das für uns persönlich Wichtige und Wesentliche richten.

Es gibt Momente, die uns in Kontakt mit unseren Sehnsüchten und Träumen bringen. Worte, Begegnungen, Orte. Sie stoßen uns an, um uns aufzuwecken; sie ermutigen uns, uns vorzuwagen; sie laden uns dazu ein, uns vor dem Leben nicht zu verstecken. Sie machen spürbar, dass es mehr gibt als jene Situation, in der wir uns aus Gewohnheit, Angst, Resignation oder Bequemlichkeit im Unbequemen eingerichtet haben.

Wir sollten vor den Herausforderungen des Lebens nicht resignieren. Wir sollten die Fäden, die wir in den Händen halten, nie loslassen. Es gibt immer Möglichkeiten – kleine und große. Natürlich bleiben einige *Pflichtfächer* unser Leben lang bestehen, aber in den *Wahlfächern* können wir mit einer bewussten Ausrichtung gute Entscheidungen treffen und unser Leben selbstbestimmt gestalten.

Dabei geht es nicht immer darum, das ganze Leben auf den Kopf zu stellen und einen radikalen Neustart zu wagen. Oft helfen schon kleine Veränderungen in einzelnen Lebensbereichen, um wieder auf die eigene Spur zu kommen und den Puls des Lebens zu spüren.

Um uns lebendig zu fühlen, sollten wir im übertragenen Sinn einfach mal wieder unter einer Schranke durchlaufen oder gedankenlos den Holztisch anmalen; das Leben wieder leichter leben, grenzenlos träumen und selbstbestimmt handeln.

Was können wir tun? Von der Fremd- zur Selbstbestimmung kommen

Wenn du dich von den Anforderungen des Lebens überfordert fühlst und durch die Verlagerung ins Digitale deinen Platz im analogen Leben nicht mehr kennst; wenn dein Smartphone sich wie ein Teil deines Körpers anfühlt und du nicht mehr weißt, wo du anfängst und aufhörst; wenn du meinst, dass die Algorithmen dich besser kennen als du dich selbst, und dir nicht bewusst ist, wer deine Aufmerksamkeit lenkt; wenn du von deinem Leben gelangweilt bist und dich die Monotonie des Alltags betäubt, dann komm zurück zu dir – zu deinen Werten, Bedürfnissen und Sehnsüchten. Wenn wir unsere Träume, Talente und Ressourcen wiederentdecken, sie aktivieren und kultivieren, finden wir zurück in unsere Mitte. Und wenn wir in unserer Mitte sind, verliert das Außen an Kraft.

Die folgenden Fragen können dich dabei unterstützen:

Was hat dich früher begeistert?
Was tust du außerordentlich gern?
Bei welchen Tätigkeiten vergisst du die Zeit?
Was liegt dir am Herzen?
Was bringt deine Augen zum Leuchten?

Was sind deine Stärken und Talente?
Was kannst du Gutes in die Welt bringen?

Wenn du weißt, was dir wichtig ist und bei welchen Tätigkeiten du *Flow-Momente* erlebst und Energie fließt, gilt es, dir Freiräume zu schaffen, um diese Aktivitäten in deinen Alltag zu integrieren.

Wie du das herausfindest?

Indem du von dem lauten, schnellen, digitalen Alltag zeitweise eine Pause machst.

Indem du nach innen blickst.

Indem du abschaltest.

Und dir begegnest.

Denn du bist die einzige Person, die es weiß.

Stille // Warum Pausen und Innenschau wichtig für unsere persönliche Entwicklung und Leistungsfähigkeit sind

Wir leben in einer Gesellschaft, in der wir fast immer erreichbar sind. Wir erhalten in immer kürzeren Abständen immer mehr Informationen aus allen Teilen der Welt. Wir sind vernetzt, verwoben, verstrickt. Doch vielleicht schnürt uns das manchmal die Luft zum Atmen ab. Das Laufen im Hamsterrad ist längst kein Spaziergang mehr, es ist zu einem ununterbrochenen Dauersprint geworden. Das ermüdet.

Auch wenn Stress als Hauptursache vieler Krankheiten gilt, ist es nicht nur der Stress selbst, der uns so viel abverlangt. Was uns erschöpft und zerstreut, ist die aus dem Gleichgewicht geratene Balance aus Anspannung und Entspannung. Uns fehlen die Pausen, der Ausgleich, die Erholung – das Abschalten. Nicht, weil es all das nicht geben würde, sondern weil wir uns zu selten eine Auszeit nehmen und uns die Erholung mit dem ständigen Beschäftigtsein nehmen. Wenn wir jede vermeintliche Lücke mit dem Tablet oder Smartphone füllen, kommen wir nicht zur Ruhe und auch nicht bei uns an. So bleibt in der dauerhaften Verbindung mit der digitalen Welt die Verbundenheit mit sich selbst manchmal auf der Strecke. Wir sind soziale Wesen und das Smartphone schenkt uns ununterbrochen die Möglichkeit zur Interaktion. Das ist gut. Doch es ist auch wichtig, dass wir allein sein können und Phasen haben, in denen wir bewusst abschalten und vom Rest der Welt offline gehen, um uns mit uns selbst zu verbinden und aufzuladen. Dann gewinnt auch unser Miteinander an Qualität. Sich mal wieder langweilen, in Stille sein, im Nichtstun oder Alleinsein verweilen und es aushalten – all das füllt unseren Akku und schenkt einen Abstand, der den steten Aktionismus, die unerschöpfliche Produktivität und unsere Gewohnheiten hinterfragt. Wenn wir uns nicht von Zeit zu Zeit Momente des Aufatmens und Auftankens schenken, erschöpfen wir unsere Ressourcen. Wie die Natur die Jahreszeiten durchlebt, so bedarf auch der Mensch Zeiten des Aufbruchs, der Aktivität, des Rückzugs und der Ruhe. Nur so tanken wir Kraft. Nur so gewinnen wir Klarheit. Nur so können wir uns selbst und unsere Bedürfnisse spüren. Und nur so können wir entwickeln, erschaffen und tun.

Pausenlos aktiv

Wie viel Raum finden Pausen in einer Welt der Reizflut, Beschleunigung und Gleichzeitigkeit? Wenn immer mehr möglich ist, entsteht das Gefühl, auch immer mehr in unserem Alltag unterbringen zu müssen – nur mehr Pause erlauben wir uns nicht. Das ist paradox, denn je mehr wir tun und je mehr auf uns einwirkt, umso wichtiger sind ein wohltuender Ausgleich und regelmäßige Erholung.

Ein Coaching-Teilnehmer berichtete: „Wenn ich laufe, dann mit einem Podcast auf den Ohren und nachfolgender Auswertung meiner Laufleistung. Einfach laufen, so wie früher, das mache ich nicht mehr. Ich kann die Zeit ja besser nutzen. Und einfach nur spazieren gehen, das wäre zu langsam und zu langweilig".

In diesem ständigen Dauerlauf mit einem Dauerrausch an Informationen und Nachrichten, Bildern und Optionen, frage ich mich, ob wir überhaupt noch im Leerlauf rollen und diese Entschleunigung genießen können; wie oft es die leisen Augenblicke in unserem Alltag gibt, in denen wir ganz absichtslos und unproduktiv einfach im Hier und Jetzt sind – ohne digitalen Konsum, ohne uns weiter mit Wissen zu füllen, mit Selbstoptimierung anzutreiben oder mit Arbeit zu überfordern.

Wenn sich der Leistungs- und Optimierungsgedanke allmählich in jeden unserer Lebensbereiche schleicht, schwindet schleichend die Erholung. Bewegung ist kein Ausgleich mehr, wenn wir dabei weiter dem individuellen und kollektiven Leistungsanspruch hinterherjagen. Und der Feierabend, das Wochenende oder der Urlaub bringen keine Entspannung, wenn das Gehirn weiter durch die Fülle an Informationen hetzen muss. Dann wird der vermeintliche Ausgleich selbst zum Stressor.

Wir haben Wissen, Unterhaltung, Analysen und Kommunikation fast immer dabei. Das Smartphone macht es möglich. *Schleichend* hat es unser Tun und unsere Haltung verändert, während wir uns kaum noch Langsamkeit erlauben. *Ist in einer vollen Welt nicht einmal Platz für Leere?* Die Leere ist elementar für unser Sein. So wie wir ein Gefäß nicht unaufhörlich füllen können, so sind auch *unsere* Kapazitäten ab einem gewissen Punkt erschöpft.

Ständig besetzt

Unser Geist braucht Ruhe zum Verarbeiten und unsere Seele Raum, damit wir uns selbst spüren und von innen nach außen leben können. Wenn wir uns jedoch pausenlos mit äußerlichen Reizen füttern, sind wir irgendwann vollgestopft und nicht mehr durchlässig. Dann können sich die äußeren Reize nicht mehr in unserer Innenwelt spiegeln und die inneren Impulse nicht mehr nach außen dringen. Wir sind dann umgeben von Schichten an Informationen, Verpflichtungen und Materie, die wir im Alltag tagtäglich bewegen, erledigen und pflegen müssen. Da bleibt kein Platz für Reflexion und kaum Zeit zum Durchatmen. Und irgendwann erscheinen die Stille und ein Spaziergang ohne Input fast bedrohlich, weil man gar nicht mehr weiß, wem man innerlich begegnet, vielleicht sogar Angst davor hat, dass niemand mehr zu Hause ist.

Es ist schwer geworden, sich bei den unzähligen äußeren Reizen und schnellen oberflächlichen Belohnungen auf sich selbst zu besinnen. Stille, Innenschau und echtes Alleinsein scheinen in unserer digitalen Welt zunehmend mehr Mut und Stärke zu erfordern.

Können wir uns noch über Stunden einfach mit uns selbst beschäftigen?

Können wir noch Momente der Absichtslosigkeit und Unproduktivität genießen und genügen uns dabei selbst?

Wenn wir uns ausschließlich in der Bildschirmwelt spiegeln und über unsere digitalen Geräte im andauernden Dialog mit unserer Umwelt stehen, ist die Verbindung zu uns selbst ständig besetzt. Wir können uns selbst kaum noch erreichen – hören also unsere innere Stimme und unser Träumen nicht und verlieren damit den erkenntnisreichen Blick in unsere innere Welt.

Absichtsloses Tun: In der Ruhe liegt die Kraft

Pause und Stille sind wichtig für unsere Kreativität und Produktivität, vor allem aber für unser Wohlbefinden und unsere persönliche Entwicklung. Doch es scheint, als haben die unendlichen Möglichkeiten, das endlose Streben unserer kapitalistischen Welt nach Mehr sowie Schneller, Höher und Weiter, nach unbegrenzter Erreichbarkeit und räumlicher Entgrenzung die Muße und die Pause förmlich wegrationalisiert.

Es ist paradox, dass wir den Akku unseres Smartphones immer gut im Blick haben und unseren eigenen oft übersehen, der mit der ständigen Erreichbarkeit schnell leerläuft. Dass ich den Laptop nur noch zuklappe und nicht mehr ausschalte, ist die passende Metapher für meinen eigenen *Standby-Modus*. *Ruhezustand* – das scheint hierzulande eine allgemeine Ausnahme geworden zu sein. Das Nichtstun wird gesellschaftlich sogar negativ bewertet und trifft oft auf Unverständnis.

Dabei sind Pausen in unserer reizüberfüllten und informationsgeladenen Welt wichtiger denn je. Wir brauchen Momente des Nichtstuns und der Passivität; Phasen der Unerreichbarkeit und Zeiträume, in denen uns niemand aus unseren Gedanken reißt. Wir brauchen Ruhe in unserem Geist und Platz in unserem Kopf. Wir brauchen mehr Kontemplation, ein konzentriertes Betrachten und ein geistiges Abtauchen in etwas – sowohl im privaten als auch im beruflichen Kontext. Wir brauchen Stille, damit wir uns spüren und unsere Bedürfnisse wahrnehmen können. Wir brauchen das leise In-Uns-Eintauchen, damit etwas Kraftvolles aus uns auftauchen kann. Wir brauchen die gesellschaftliche Erlaubnis und Erkenntnis, dass Nichtstun und Ausruhen wertvoll sind. Wir brauchen eine neue gesellschaftliche Normalität aus Anspannung und Entspannung und aus Anschalten und Abschalten. Nur in einer gesunden Balance aus Tun und Pause sind wir leistungsfähig, kreativ und schöpferisch. Pause ist Teil der Arbeit. Vielleicht sogar der wichtigste.

Pausen sind elementar für unsere Leistungsfähigkeit

In den Pausen lädt sich unser eigener Akku wieder auf. So wie wir unsere Muskulatur nicht ununterbrochen trainieren können, so können wir auch von unserem Gehirn nicht anhaltende Konzentration erwarten. Wenn wir nach sechzig bis neunzig Minuten geistiger Arbeit eine zehnminütige Pause machen, können wir uns wieder besser konzentrieren. Laut dem Neurowissenschaftler und Arzt Volker Busch bringt eine längere Pause kaum weiteren Konzentrationszugewinn.[19]

Pause meint generell eine reizarme Auszeit und keine seichte digitale Berieselung zur Entspannung. Wenn wir doch ins Virtuelle abtauchen, sollten wir in jedem Fall die Kontrolle über unsere digitalen Bewegungen wahren und kein Multiscreening betreiben.

Momente der Ruhe bewirken zudem, dass wir Informationen besser speichern, und nicht selten kommen uns in den gedankenverlorenen Augenblicken die besten Ideen. Anders als bei der achtsamen Haltung, in der wir unsere Aufmerksamkeit ganz bewusst auf die innerlichen und uns äußerlich umgebenden Reize lenken, lassen wir das Steuer über unsere Aufmerksamkeit los, wenn wir unsere Gedanken schweifen lassen. Ohne Fokus entsteht Tagträumerei. Wir sind sozusagen nicht bei der Sache. Wenn wir beim Lesen von Texten in Gedanken woanders sind oder uns beim Blick aus dem Fenster eines fahrenden Zuges in unseren Gedanken verlieren, ist unser Geist unangestrengt. In solchen Momenten sind andere Hirnareale aktiv als beim konzentrierten Nachdenken. Der Neurowissenschaftler Marcus Raichle fand heraus, dass unser Gehirn in einem solchen Ruhezustand in das sogenannte *Default-Mode-Netzwerk*, *Ruhezustandsnetzwerk*, umschaltet.[20] Anders als der Name es ausdrückt, macht unser Gehirn jedoch auch in einer mentalen Pause ohne äußere Eindrücke keine Pause. Während wir nichts tun und den Fokus von äußerlichen Reizen abwenden, beginnt das Gehirn im ungelenkten, zerstreuten Blick nach außen zu assoziieren. Während einer geistigen Pause ordnet es die aufgenommenen Informationen und reflektiert über gemachte Erfahrungen. Sie werden gespeichert oder gelöscht, sortiert und verknüpft. Dieses Assoziieren und Aufräumen bringt neue Ideen hervor, weshalb Pausen elementar für unsere Kreativität sind.[21]

Abschalten: Digitale Stille und die Kunst des Nichtstuns

Regelmäßige Pausen sind wichtig für unsere Gesundheit und Lebensfreude, für unsere Kreativität und Leistungsfähigkeit sowie für unsere persönliche Entwicklung. Der digitale Alltag radiert unsere Pausen – von uns nahezu unbemerkt – immer weiter aus. Da die äußerliche Begrenzung in einem von digitalen Informationen überladenen Alltag mit uneingeschränkten Öffnungszeiten und grenzenloser Unterhaltung fehlt, müssen wir sie zeitweise künstlich erschaffen. Für unsere mentale Gesundheit wird es immer bedeutender, der Entgrenzung eigene Grenzen zu setzen und den *Hörer der ständigen Erreichbarkeit* ab und zu danebenzulegen. Nur so können wir wahrhaft abschalten, in die digitale Stille sowie in uns selbst eintauchen oder im analogen Miteinander auftanken.

Können wir das noch?

Und wenn ja: *Erlauben wir es uns?*

Die Allgegenwärtigkeit der bunten Onlinewelt hat uns viel von der Gegenwärtigkeit des schlichten analogen Hier und Jetzt genommen. Vielleicht müssen wir die Kunst des Nichtstuns, das ablenkungsfreie Sein im Hier und Jetzt – das friedliche Eintauchen in die Stille, das uneingeschränkte Miteinander mit den uns umgebenden Personen, den gedankenverlorenen Blick aus dem Fenster während einer Zugfahrt, das langsame Spazieren oder das entspannte Lesen eines Buches am Abend – sogar neu erlernen.

Denn es fühlt sich inzwischen zuweilen komisch an, das vertraute Smartphone mit unserer persönlichen Welt und der Anbindung an den Rest nicht jederzeit aus der Tasche ziehen zu können.

Wenn die Welt zu langsam, die Stille zu laut und das Alleinsein zu einsam geworden ist, dann fällt es schwer, einfach im Augenblick zu verweilen. Doch der gegenwärtige Augenblick im analogen Leben ist alles, was wir haben. Wir brauchen ihn als Anker für unser persönliches Erleben. Wir brauchen die Verbundenheit zu uns selbst in all der Verbindung nach außen. Wir brauchen einen gefüllten Akku, um unseren Alltag bewältigen und genießen zu können – und daher ausreichend Zeit zum Auftanken.

Viel Lärm um Nichts: Einen Augenblick der Stille

Stille ist Minimalismus für mich. Stille ist die Leinwand, auf der sich die Töne des Alltags abbilden. Sie ist immer da: Hinter jedem Geräusch, hinter jedem Wort, hinter jedem Gedanken – und überall dazwischen. Wir können die Stille wahrnehmen, als Leerzeichen unseres eigenen Buches, damit wir es lesen können und nicht nur immer mehr aneinanderreihen, um es immer weiter zu füllen. Wenn wir langsamer und leiser werden, können wir mehr erkennen. Wir können unsere Aufmerksamkeit achtsam auf die Stille lenken und Kraft tanken in der Ruhe, die jeden Tumult durchdringt.

Nimm sie mal wahr.

Jetzt.

Wie laut oder leise sie auch sein mag; wie viel Raum sie zwischen welchen Geräuschen bekommt.

Die Stille braucht nichts, sie ist minimalistisch.

Und um sie wahrzunehmen und in sie einzutauchen, brauchen wir nur die Achtsamkeit für das Hier und Jetzt.

Schlaf gut // Warum wir die letzte Stunde vor dem Einschlafen displayfrei gestalten sollten

Von der Unachtsamkeit zur Schlaflosigkeit: Ich liege im Bett, möchte nur noch den Wecker auf meinem Smartphone stellen und verliere mich in der Unendlichkeit des digitalen Universums. Ich fliege durch die kleinen Gute-Nacht-Geschichten, die der Alltag von Fremden mir erzählt. Und als ich nach einer Stunde von meiner virtuellen Tour vom anderen Ende der Welt zurückkomme, bin ich übermüdet hellwach. Das blaue Licht des Displays erleuchtet das dunkle Schlafzimmer.

Was wollte ich eigentlich?

Den Wecker stellen.

Auch wenn ich sie erst morgen beantworten werde, lese ich noch schnell die soeben eingegangene Nachricht. Sie wirbelt mich auf, weil sie ein Missverständnis und Vorwürfe birgt. Dann stelle ich den Wecker. Mein *smartes Phone* rechnet mir sofort die noch verbleibende Schlafzeit aus und ich rechne mir sofort aus, dass das zu wenig ist, um mich zu erholen.

Eine Stunde später als geplant gehe ich in den Flugmodus. Der Wecker klingelt trotzdem um sieben Uhr. Das Smartphone frisst meine Zeit und raubt mir den Schlaf, denke ich noch, und weiß im gleichen Moment, dass das nicht stimmt.

Gute Nacht.

Doch dann liege ich wach und denke die ungedachten Gedanken des Tages. Die Dunkelheit vergrößert sie. Mein Geist formuliert mögliche Antworten auf die letzte blöde Nachricht und ich ärgere mich zuerst über das Missverständnis, dann darüber, dass ich mich darüber ärgere und schließlich darüber, dass ich die Nachricht überhaupt noch gelesen habe. Ist das Gedankenkarussell einmal angestoßen, nimmt es Fahrt auf, und ich steige so schnell nicht aus. Ich drehe mich gedanklich im Kreis und obwohl ich ruhig im Bett liege, beschleunigen unruhige Gedanken meinen Herzschlag. Mitten in der Nacht bin ich hellwach, während das Wissen um die Schlaflosigkeit das Bewusstsein für die Müdigkeit am folgenden Tag schärft. Ich bin jetzt schon erschöpft.

Unnatürlicher Schlaf-Wach-Rhythmus

Wenn das Smartphone abends der letzte und morgens der erste Gegenstand ist, den wir in die Hand nehmen, nehmen wir uns neben der nächtlichen Ruhe und Erholung auch den achtsamen Kontakt zu uns selbst. Wir schließen den Tag im Leben der anderen und eröffnen den nächsten mit Neuigkeiten aus der Welt. Durch voll beladene Tage und die Berieselung bis zum Schluss, sind wir oft zu aufgewirbelt, um entspannt zur Ruhe zu kommen. Denn anders als ein Buch oder Film, hält das Smartphone auch persönliche Informationen für uns bereit, die etwas mit uns machen.

Evolutionsbiologisch steuern Helligkeit und Dunkelheit den Schlaf-Wach-Rhythmus. Doch in unserer modernen Welt mit künstlichen Lichtquellen und leuchtenden Displays sind wir von diesem natürlichen Rhythmus oft weit entfernt. Das Internet schläft nicht. Der Algorithmus entdeckt auch mitten in der Nacht ungelesene *Tweets*, ungesehene *Posts* oder vermeintlich relevante Videos. Weil das Internet pausenlos produziert und es immer jemanden gibt, der konsumiert, sind wir immer öfter die Pausen und manchmal auch unseren Schlaf los. Denn unsere Nachtruhe ist gestört, wenn wir auf dem Weg ins Schlafzimmer gewohnheitsmäßig noch einmal die E-Mails prüfen oder zum Einschlafen Videos bei YouTube schauen und zuerst in der Endlosschleife der Clips und dann in der der eigenen Gedanken festhängen. Durch die vielen digitalen Möglichkeiten, Ablenkungen und Verpflichtungen gehen wir oft später ins Bett, schlafen aufgrund möglicher Inhalte, die uns persönlich betreffen, später ein, vielleicht schlechter durch und wachen weniger erholt auf. Zudem soll das blaue Licht der Bildschirme die Ausschüttung des Schlafhormons Melatonin hemmen und damit die nächtliche Regeneration stören.

Abschalten hilft beim Abschalten

Schlaf gilt als die tiefste Form der Erholung, Regeneration und Entspannung. Neben Reparaturprozessen, körperlicher Erholung und der Stärkung des Immunsystems werden im Gehirn die Eindrücke des Tages verarbeitet und im Gedächtnis gespeichert. Unser Gehirn räumt auf.

Doch wenn der Tag mit zu vielen Terminen, Reizen und Stimmen sowie mit stetem Tun und Machen belegt war und wir erst abends den *Hörer auflegen*, kann der innere Dialog erst in der Nacht beginnen. Mit dem Ausschalten von Licht und digitalen Geräten, ist es plötzlich still im Außen, doch laut im Kopf. Denn durch das Gespräch mit uns selbst kommt der aufgewirbelte Geist zur Ruhe.

Für einen guten Schlaf brauchen wir den Ausgleich daher schon am Tag – die Pausen und Lücken, das Selbstgespräch und den Austausch, die Bewegung und die frische Luft. Denn die Erholung am Tag fördert die Erholung in der Nacht. Und das Abschalten der Geräte hilft beim Abschalten der Gedanken.

Gute Nacht: Wir haben jetzt einen Wecker

Seit einiger Zeit haben wir einen Wecker und Smartphones deshalb im Schlafzimmer keinen Platz mehr. Ich möchte diese Ruhe aufgrund der digitalen Stille am Abend nicht mehr missen. Unerreichbar für die vielen Eindrücke aus dem *World Wide Web* und der großen Welt, genieße ich die Ruhe in unseren vier Wänden und die Zeit, in der ich die täglichen Eindrücke aus meiner Welt verarbeiten kann.

Guter Schlaf ist elementar für unsere Gesundheit. Damit er die tiefste Form der Regeneration bleibt und Körper und Geist zur Ruhe kommen und sich erholen können, ist es wichtig, abends rechtzeitig abzuschalten. Eine analoge Abendroutine in der letzten Stunde vor dem Schlafengehen ist daher ein wichtiger Schlüssel für eine digitale Balance und regelmäßige Erholung im Alltag.

Abschalten im Urlaub // Urlaub heißt Pause machen – auch von der Erreichbarkeit

Das Glitzern des Meeres betrachten, den Sand unter den Füßen spüren, das Salz auf den Lippen schmecken, frische Meeresluft riechen und dem Wind zuhören.

Unabgelenkt mit allen Sinnen im Hier und Jetzt sein:
Eintauchen in das, was uns umgibt;
oder wahrnehmen, was in uns passiert.

Achtsam sein können wir alle. Aber in einer digitalisierten Welt kommen wir scheinbar nur selten dazu – und selbst im Urlaub fällt das *Abschalten* immer schwerer. Neben den eigenen Gedanken sind Multitasking und eine immer mögliche Ablenkung durch die digitalen Medien die größte Herausforderung für eine achtsame Haltung. Wenn wir die modernen Technologien nicht bewusst und selbstbestimmt nutzen, verursachen sie Stress und ziehen den Stecker zu unserer eigenen Verbundenheit. Mit dem Smartphone nehmen wir diese Alltags-Normalität im Urlaubsgepäck mit in die Ferien und damit uns selbst ein großes Stück Erholung.

Das Hamsterrad und die Erreichbarkeit im Kopf ausstellen

Ab in den Urlaub und auf zum nächsten WLAN: Durch die ständige Erreichbarkeit und Vernetzung halten wir ununterbrochen die Verbindung. Wir sind immer online und wirken dabei selbst nur selten voll aufgeladen. Wir fühlen uns zwar ständig urlaubsreif, aber schalten im Urlaub immer seltener ab. Doch wenn wir im Urlaub weiterhin online und erreichbar sind, setzt sich ein großer Teil des Alltags fort. Wir sind zwar woanders, doch das Büro in der Hosentasche ruft uns zurück in den Alltag. Wenn wir weiterhin E-Mails lesen und beantworten, an Online-Konferenzen teilnehmen oder für Notfälle verfügbar sind, reißt uns das Smartphone aus Gesprächen, Sonnenuntergängen oder Rotweingläsern.

Die Welt hinter den Displays ist rücksichtslos entgrenzend und verführerisch verlockend zugleich – und wir sind immer online. Herausfordernd. Abschalten geht so nicht. Auftanken auch nicht.

Dabei nehmen wir die Arbeit nicht nur in der Hosentasche mit in den Urlaub, sondern tragen das unermüdliche Tun und reflexartige Reagieren in Gedanken durchs Leben. Eine Seminarteilnehmerin berichtete, wie sie auch nach einem Jahr in Rente an jedem Morgen mit dem sie antreibenden Gedanken *Ich muss mich beeilen* aufsteht. Ein Coaching-Teilnehmer erzählte, dass er trotz Kündigung in seinem Resturlaub noch das berufliche E-Mail-Postfach prüfe, obwohl er nicht mehr zuständig sei. Eine andere Kursteilnehmerin konnte ihr *Sabbatical* kaum genießen, da sie ständig von dem Gefühl der Unproduktivität eingeholt wurde.

Wenn sich die Hektik auch in der Rente, die Verantwortung trotz Kündigung oder das Machen auch *im Sabbatical* fortsetzt und wir uns nicht mehr in die Stille fallenlassen und auftanken können, dann scheint es, als haben wir hierzulande als Gesellschaft die Muße, das Nichtstun und das Ausruhen verlernt.

Damit sich das Drehen des Hamsterrads und das *Pling* auch in unseren Gedanken abstellt, brauchen wir Zeit. Eine digitale Auszeit, die uns im Hier und Jetzt ankommen lässt, und einen Alltag, in dem die zeitweise Unerreichbarkeit wieder Normalität ist. Wir dürfen im Urlaub die uns antreibenden Gedanken, alltäglichen Gewohnheiten und fremdbestimmten Verpflichtungen ablegen, uns entspannen und den persönlichen Bedürfnissen nachgehen. In Zeiten von mobiler Arbeit, vollständiger Entgrenzung und ständiger Erreichbarkeit muss spätestens im Urlaub Raum für Regeneration und Zeit für Privates sein, damit das gedankliche und das digitale Hamsterrad sich im Stillstand üben können.

Digitale Auszeit

Smartphone aus, dem Alltag den Rücken kehren und im Urlaub ankommen. Einfach stehen und auf das Meer blicken. Einfach gehen und auf sich selbst schauen. Mit allen Sinnen wahrnehmen. Die Gedanken beobachten und ruhiger werden lassen. Bei sich ankommen. Entschleunigen. Neue Wege gehen – im übertragenen Sinn – achtsam Schritt für Schritt.

Wer so Urlaub macht und die Unerreichbarkeit neu schätzen lernt, vertieft den Erholungsfaktor um ein Vielfaches. Denn mit der ständigen Erreichbarkeit und dem selbst gewählten Griff zum Smartphone erschöpfen wir über kurz oder lang unsere Ressourcen.

Wir brauchen Pausen.

Und zwar echte Pausen.

Kurze – über den Tag verteilt.

Lange – über das Jahr verteilt.

Wir brauchen Pausen, um die Seele baumeln zu lassen und Kraft zu tanken. Wir brauchen das ablenkungsfreie Abschalten, um den eigenen Akku aufzuladen. Wir brauchen digitale Auszeiten, um nicht immer in Verbindung, sondern um verbunden zu sein.

Wir brauchen Phasen, in denen wir unser Gehirn nicht mit digitalen Reizen befeuern und durch das bewusste Abschalten aus der andauernden Alarmbereitschaft der Erreichbarkeit heraustreten.

Wir müssen wieder runterfahren.

Uns selbst und unsere Geräte.

Denn wir können nur dann nachhaltig gesund sein, wenn wir regelmäßig abschalten. Wenn wir mal nicht erreichbar sind, uns nicht ablenken, sondern vom Außen ins Innen kommen – also bei uns selbst ankommen und dort auch eine Zeitlang verweilen. Um wirklich abschalten zu können, müssen wir es wörtlich nehmen: Wir müssen abschalten. Erst damit erschaffen wir uns Inseln des Innehaltens, die wir gerade wegen der Schnelllebigkeit und der geforderten Flexibilität unbedingt benötigen. Immer wieder im Alltag. Und im Urlaub erst recht.

Umgang mit digitalem Stress // Konkrete Ideen für eine digitale Balance für Unternehmen und Privatpersonen

Die Pandemie hat die Digitalisierung im Geschäftsleben und im Alltag vorangetrieben und Veränderungen initiiert und beschleunigt, die bleiben werden. Unsere Lebenswelten gestalten sich fortwährend vermehrt digital: Ständige Erreichbarkeit wird oft vorausgesetzt und bringt Entgrenzung mit sich. Die Digitalisierung erleichtert Abläufe und ermöglicht schnelle Vernetzung, unkomplizierten Austausch von Daten, Online-Meetings und mobiles Arbeiten. Diese Vorteile sind umso größer, je besser wir mit den Herausforderungen umgehen können, die die Digitalisierung auch mit sich bringt. Da mit ihr neue Stressoren entstehen, müssen wir diese erkennen und benötigen neue Ansatzpunkte in der Stressbewältigung.

Für unser persönliches Wohlbefinden und unsere Leistungsfähigkeit ist die gesunde Balance aus Anspannung und Entspannung, aus Anschalten und Abschalten, elementar wichtig. Doch Gesundheit lässt sich nur zum Teil über unser eigenes Verhalten fördern. Im gesundheitsförderlichen Kontext wird zwischen *Verhalten* und *Verhältnissen* unterschieden. Während die Verhaltensprävention die Kompetenzen von Individuen fördert, erfolgt die Förderung von Gesundheit in der Verhältnisprävention auf struktureller Ebene – in unserer Lebens-, Arbeits- und Umwelt. Hier gilt es, entsprechende Rahmenbedingungen zu entwickeln, da in diesem Fall ein Großteil der Verantwortung den Schulen, Behörden und Unternehmen obliegt.

Modernes Stressmanagement auf Verhältnisebene

Zum gesundheitlichen Schutz ihrer Arbeitskräfte, aber

auch für die Leistungsfähigkeit und die damit einhergehende Effizienz, sollten Personalverantwortliche im Rahmen eines betrieblichen Gesundheitsmanagements präventive Angebote gegen digitalen Stress etablieren.

Es gilt Hintergründe und Zusammenhänge darzustellen, auf dieser Basis individuelle Kompetenzen zu stärken und auf struktureller Ebene Erleichterung zu schaffen. Gemeinsam müssen hinsichtlich Erreichbarkeit, mobilem Arbeiten und einer gesunden Balance aus fokussierter Arbeit und echter Pause Lösungen und unternehmensspezifische Regelwerke entwickelt werden, die auf den Anforderungen der jeweiligen Positionen beruhen und individuelle Bedürfnisse bestmöglich berücksichtigen. Führungskräfte nehmen durch ihre Vorbildfunktion auch in dieser Thematik eine besondere Rolle ein.

Es gilt, die Bedingungen dem jeweiligen organisatorischen Unternehmenskontext anzupassen und sich gegenseitig auch Unerreichbarkeit zu ermöglichen:

Wer muss wann erreichbar sein?

Wer arbeitet wann, von wo aus und auf welchem Weg mit wem zusammen?

Welche E-Mail-Etikette wird gelebt?

Wie gestaltet sich das Verhältnis aus Fokuszeit und Erreichbarkeit je nach Person und Funktion?

Welche Distanz überwindet die digitale Kommunikation – den Flur oder die Kontinente – und welches Medium ist der jeweils beste Weg?

Bis um wieviel Uhr werden E-Mails an wen durchgestellt?

Wie kann das echte Abschalten sowohl im Feierabend als auch im Urlaub gelingen?

Ideen für eine gesunde Balance aus Fokus und Pause auf Verhaltensebene:

Ablenkungsquellen reduzieren, Störungen vermeiden

Ablenkung ist eine Frage der Einstellung – äußerlich und innerlich. Indem wir die Standardeinstellungen unseres Smartphones den eigenen Bedürfnissen und Anforderungen entsprechend personalisieren, werden wir weniger abgelenkt und rücken die Vorteile digitaler Medien in den Vordergrund: Deaktiviere Push-Benachrichtigungen, die dich ablenken. Nutze den Nicht-Stören-Modus, wenn du ungestört sein möchtest. Und aktiviere Benachrichtigungen, wenn du erreichbar sein musst oder willst. Um diese Einstellungen treffen zu können, muss zunächst klar sein, wer oder was so wichtig ist, dass eine Unterbrechung im jeweiligen Kontext Sinn macht. Um dem unbewussten Griff zum Smartphone vorzubeugen, leg es dann so oft wie möglich außer Sichtweite – du wirst über Wichtiges akustisch informiert. Wenngleich digitale Geräte mit Fortschritt einhergehen, macht es Sinn, einige ihrer Funktionen wieder ins Analoge zu verschieben. Die Anschaffung einer Armbanduhr, eines Weckers oder Notizbuchs sowie nachzudenken, ehe wir automatisch die Suchmaschinen befragen, können mögliche Ablenkungsquellen durch den Blick auf die digitalen Geräte reduzieren. Um Multitasking zu vermeiden, priorisiere und erledige eins nach dem anderen. Privates und Berufliches sollte generell bestmöglich getrennt werden, um der Entgrenzung entgegenzuwirken und sich auf das Hier und Jetzt zu besinnen. Wenn du arbeitest, arbeite. Wenn du Freizeit hast, genieße deine Freizeit.

Voraussetzungen für Deep Work ermöglichen

Deep Work ist eine Fähigkeit, die wir trainieren können, beispielsweise durch kleine Konzentrationsübungen, wie den Fokus auf unsere Atmung zu lenken oder Texte ablenkungsfrei und ohne Unterbrechungen zu lesen. Mache deine Fokuszeiten zu einer Gewohnheit: Reserviere sechzig- oder neunzigminütige Zeitfenster und trage diese in deinen Kalender ein. Habe alles, was du zum Ausführen der Tätigkeit brauchst, in Reichweite; lege alles, was dich ablenkt außer Sichtweite. Informiere dein Umfeld über den Zeitraum deines konzentrierten Tuns oder bringe ein *Bitte-nicht-stören*-Schild an der Tür an, um auf diese Weise darauf hinzuweisen. Mache kleine bewusste Pausen zwischen einzelnen Tätigkeiten oder nach einer Arbeitsstunde, in denen du bewusst atmest, das Fenster öffnest oder ein paar Schritte gehst. Sollten die *Deep-Work-Phasen* nicht existieren, so setze dich in deinem Umfeld für sie ein und weise auf die Vorteile hin.

Eine E-Mail-Routine entwickeln

Der Posteingang ist ein digitaler Briefkasten – keine Ablage, kein Kalender, Archiv, Chat oder Notizbuch. Um selbstbestimmt und nicht unentwegt im Reaktionsmodus zu sein, prüfe deinen Posteingang zu festgelegten Zeiten. Schließe dein E-Mail-Programm in der übrigen Zeit. Damit bündelst du einen Teil der digitalen Aufgaben und verhinderst die Fragmentierung deines Alltags. Wenn es deine persönliche Situation ermöglicht, lösche die App deines Posteingangs auf deinem Smartphone und greife nur über deinen Laptop oder Computer auf die E-Mails zu.

Versuche die eingegangenen Nachrichten nur ein einziges Mal zu öffnen, *One Touch*, und augenblicklich zu entscheiden, wie du mit einer E-Mail umgehst: Lösche sie, wenn sie unwichtig ist und du den Inhalt nicht mehr benötigst. Beantworte sie unmittelbar, wenn dies innerhalb von wenigen Minuten möglich ist. Beansprucht die Bearbeitung mehr Zeit, definiere ein angepasstes Zeitfenster für das Beantworten und lege die E-Mail auf Wiedervorlage.

Wahre die Ordnung in deinem Posteingang: Sortiere wichtige E-Mails in dafür erstellte Ordner. Auch hier gilt: Weniger ist mehr. Plane zum Feierabend oder Wochenabschluss Zeit für das Aufräumen ein, um deinen Posteingang vollständig oder bestmöglich zu leeren. Nutze so wenig E-Mail-Adressen wie möglich. Aber trenne Privates und Berufliches.

Kommuniziere effizient: Fertige Vorlagen für wiederkehrenden Schriftverkehr an. Formuliere klar und lösungsorientiert, wähle einen passenden Betreff und schweige, wenn alles gesagt ist. Telefoniere, wenn ein Gespräch sinnvoller ist.

Regelmäßig Pausen machen

Pausen sind die Grundlage für unsere Leistungsfähigkeit und den Kontakt zu uns selbst, doch oft gehen sie in einem vollen Alltag unter. Trage deshalb Zeitfenster für Pausen und Selbstfürsorge in den Kalender ein und lass auch Lücken für Unvorhersehbares. Verlasse während der Pausen den Arbeitsplatz für einen Perspektivwechsel. Verschriftliche offene Aufgaben, damit deine Gedanken sie loslassen können.

Starte offline in den Tag und verbringe jeden Tag mindestens eine Stunde ohne digitale Geräte. Aus den Augen, aus dem Sinn: Lege dein Smartphone außer Sichtweite oder in eine extra dafür vorgesehene Box, um auch gedanklich zur Ruhe zu kommen.

Feierabend ist Feierabend: Wenn es nicht ausdrücklich und mit guten Gründen von dir gefordert wird, sei nach Arbeitsende für beruflichen Kontext nicht verfügbar.

Erlaube dir das Nichtstun, genieße Momente der Unproduktivität und verbringe regelmäßig Zeit in der Natur. Suche bewusst Momente der Stille. Meditiere, oder lass deine Gedanken regelmäßig schweifen und genieße diese Tagträumerei.

Gestalte deine freie Zeit als Gegenwicht zu deinen beruflichen Anforderungen: Wenn du viel redest, schweige; wenn du viel sitzt, bewege dich; wenn du viel gibst, gönne dir etwas; wenn du oft allein bist, suche Gesellschaft; wenn du viel unterwegs bist, genieß dein Zuhause; wenn du im Homeoffice arbeitest, unternimm kleine Ausflüge.

Schalte am Wochenende wortwörtlich ab und mach über das Jahr verteilt regelmäßig Urlaub. Wenn du sehr viele E-Mails erhältst und diese während deines Urlaubs nicht von einer Vertretung bearbeitet werden, lasse wenn möglich, die Abwesenheitsnotiz deines E-Mail-Postfachs zwei Tage länger geschaltet als dein Urlaub andauert. So kannst du dir einen Überblick verschaffen, Dringendes ungestört bearbeiten und durch weniger Stress länger von deiner Erholung profitieren.

Für erholsamen Schlaf sorgen

Schlaf ist die tiefste Form der Erholung. Für einen guten und erholsamen Schlaf achte auf regelmäßige Pausen und Bewegung während des Tages und halte dich tagsüber an der frischen Luft auf.

Meide oder reduziere Alkohol und Nikotin – insbesondere am Abend, denn der Abbau erschwert den Übergang in die Tiefschlafphase.

Entwickle eine analoge Abendroutine: Lies ein Buch, meditiere, höre ruhige Musik, schreib Tagebuch und gestalte die letzte Stunde vor dem Einschlafen displayfrei, um zur Ruhe zu kommen. Nutze einen analogen Wecker anstelle deines Smartphones.

Gestalte dein Schlafzimmer medienfrei, schlicht und in beruhigenden Farben und schlafe, wenn möglich, bei offenem Fenster. Steh auf, wenn du nicht schlafen kannst.

Epilog

Die Welt hinter dem Bildschirm ist faszinierend. Sie verbindet und belohnt uns unentwegt, unmittelbar und anstrengungslos; erleuchtet in bunt, zeigt sich maßgeschneidert, abwechslungsreich und grenzenlos. Wir greifen immer wieder hin, sehen nach, loggen uns ein, senden, empfangen, klicken, wischen, warten, suchen, hoffen und finden. Kurze Clips, perfekte Bilder, schnell wechselnder Input. Wir können alles erhaschen und müssen nichts wirklich erfassen. Gefällt uns etwas, so *liken* wir, ansonsten *swipen* wir.

Aber was macht diese rasante Reizflut mit unserer Aufmerksamkeit?

Können wir uns trotz des digitalen Dauerrauschs noch an der analogen Welt – ganz ohne Filter – erfreuen und uns dem natürlichen Rhythmus ohne Ungeduld hingeben?

Reicht uns die analoge Wirklichkeit noch aus?

In unserer schnelllebigen Zeit mit ständiger Erreichbarkeit und absoluter Entgrenzung scheint es uns schwerzufallen, ganz im Augenblick zu sein. Diesen zu erleben, ohne ihn festhalten oder virtuell teilen zu wollen. Wenn wir das Smartphone ständig zwischen die Welt und unsere Augen halten und uns vor Augen halten, dass wir – tragen wir es bei uns – ohnehin jederzeit aus der Gegenwart gerissen werden könnten, stellen wir fest, wie selten wir uns vollkommen auf das Hier und Jetzt einlassen. Wenn wir die Gegenwart verpassen, bleiben wir unbefriedigt zurück. Es ist ein subtiles Gefühl, das nach mehr fordert, weil das Erlebte an uns vorbeirauscht und nicht in uns hineinsickert und von innen belebt. Es geht nicht um die reine Anwesenheit bei einem Sonnenuntergang. Es geht um das Erleben und Spüren. Erst die Achtsamkeit für den Augenblick stiftet Sinn und berührt viel mehr als Finger, die über ein Display streichen.

Denn wir sehnen uns nach Lebendigkeit:

Nach Momenten – nicht nach Momentaufnahmen.

Nach analogen Glücksgefühlen – nicht nach dem *oberflächlichen Dopamin* der digitalen Welt.

Nach Selbstbestimmung – nicht nach Ablenkung.

Nach Verbundenheit – nicht nach Verbindung.

Nach Zugehörigkeit – nicht nach *Likes*.

Nach Liebe – nicht nach Herzchen.

Nach Erholung – nicht nach Berieselung.

Deshalb sollten wir wieder öfter in der analogen Wirklichkeit suchen, was wir in eine Suchmaschine eingeben, und die Bedürfnisse hinter den digitalen Streifzügen analog erfüllen. Wir sollten unsere Sinne schärfen, unsere Leidenschaft leben und uns aus der digitalen Komfortzone hervorwagen – und öfter als Eindrücke auf dem Display Erlebnisse in der Realität teilen. Denn das Eintauchen ins Hier und Jetzt vertieft unser Sein und stiftet Ruhe und Sinn in unserer hektischen Welt. Um die Ästhetik und die besonderen Augenblicke im Alltäglichen zu entdecken, brauchen wir keine Filter. Wir müssen filtern – in der Reizüberflutung selektieren – und unsere Aufmerksamkeit wieder selbst lenken lernen.

Es sind die alltäglichen Momente, die unser Leben ausmachen, die sich jedoch zum Teil genau dann ereignen, während wir auf das Smartphone blicken und uns das Leben der anderen ansehen. Wir müssen da wieder rauskommen. Aus den merkwürdigen Automatismen und Gewohnheiten. Aus den Leben der anderen. Aus den unerfüllten Versprechungen des *digitalen Dopamins* und der nebensächlichen Interaktion mit der virtuellen Welt. Wir dürfen uns nicht so sehr herauslösen aus unserer Umgebung und sollten unseren Platz im analogen Leben und im großen Ganzen wieder einnehmen. Denn es gibt ein größeres und schöneres Universum als das digitale. Und deshalb benötigen wir mehr Weitblick als ständig irgendein Display als Horizont.

Das Ursprüngliche, Greifbare und Unverstellte wird in einem digital entgrenzten und entwurzelten Dasein immer bedeutungsvoller. Es geht um das neue Erlernen und Erleben der alten Langsamkeit. Um echte Verbundenheit inmitten konstanter Vernetzung. Um Bodenhaftung trotz virtueller Ausflüge. Um das Spüren und Mitfühlen, das wohlwollende Füreinander-Dasein und echte Miteinander. Es geht um analoge Tiefe anstelle digitaler Oberflächlichkeit. Um ungeteilte Aufmerksamkeit, anstatt permanenter Zerstreuung. Es geht um etwas, das länger bleibt als bis zum nächsten *Swipe*, und darum, in der Vielfalt der Möglichkeiten, die uns von uns wegdriften lassen, wieder bei uns selbst anzukommen.

Dafür müssen wir die digitalen Geräte nicht radikal aus unserem Leben verbannen. Im Gegenteil: Wir müssen sie richtig nutzen lernen. Die Hintergründe und Zusammenhänge verstehen und die wohltuende Ruhe des *Abschaltens* wiederentdecken. Es ist so einfach und scheint so schwer, weil es uns vermeintlich abkoppelt von der Verbindung zum Rest. Doch es bringt uns zurück in die Verbundenheit.

Wir verpassen nichts, wenn wir die digitale Welt zeitweise ausschalten.

Wir verpassen etwas, wenn wir nicht *hier* sind.

Denn Glück kommt nicht aus einem Display.

Wir erleben es in der Welt um es herum.

Es entsteht aus Präsenz.

Aus wahrer Verbundenheit mit sich selbst, anderen Menschen und dem größeren Netz, das uns umwebt.

Nach echtem Glück können wir nicht greifen.

Wir spüren es.

Und entdecken es in uns selbst.

Digitale Medien verbinden uns miteinander. Sie ermöglichen grenzenlose und unmittelbare globale Kommunikation, Einblicke in andere Lebenswelten und bringen uns andere Ansichten und die Ferne näher. Jederzeit stehen uns Informationen mit täglich neuen Erkenntnissen auf unterschiedlichen Kanälen zur Verfügung. Wir können sie speichern, teilen und damit verbreiten. Wir finden Inspirationen zu allen Themen. Die modernen Technologien machen uns unabhängig, lösen uns aus Zeit und Raum heraus und vereinfachen damit die Vereinbarkeit von Privat- und Arbeitsleben. Sie erleichtern unseren Alltag, machen unser Leben durch die Bündelung der Funktionen minimalistischer und schenken uns aufgrund der schnellen Abläufe und *kurzen Wege* Zeit.

Digitale Medien bieten viele Vorteile – wenn wir sie richtig nutzen.

Nutzen wir sie als Gesellschaft richtig?

Nutzt du sie für dich persönlich richtig?

Wo Licht ist, fällt Schatten und Erleichterungen bringen Herausforderungen mit sich. So haben auch die digitalen Medien eine Kehrseite: Die Informationsflut überreizt unsere Sinne. Multitasking und Unterbrechungen mindern den Fokus. Ständige Erreichbarkeit bedingt Stress. Dauerhafte Kommunikation erschwert den inneren Dialog. Entgrenzung und fehlende Pausen reduzieren regenerative Erholung. Die Verlagerung ins Virtuelle kann zu sozialer Isolation und Unsicherheit führen und der ständige Vergleich das Selbstbewusstsein schmälern. *Kostenlose Produkte* konkurrieren um unsere Aufmerksamkeit und erhöhen die digitale Verweildauer. Digitale Medien sind Zeitfresser. Wir vernachlässigen Hobbies, Interessen und Verpflichtungen – und viele andere Augenblicke unseres Lebens.

Digitale Medien erleichtern unseren Alltag und machen ihn doch komplexer. In jedem Fall verändern sie nahezu alle Facetten unseres Lebens. Doch wir können mit Veränderungen umgehen und Herausforderungen bewältigen. Wir können unsere Kinder mit Medienkompetenz erziehen und unsere Arbeitswelten umgestalten. Dafür ist ein gesunder Umgang mit digitalen Medien essenziell. Er beginnt mit dem Reflektieren des eigenen Nutzungsverhaltens: *Welche Anwendungen nutze ich wie oft, wie lange, aus welchem Grund und in welchen Situationen? Und was macht das mit mir?* Wenn wir die Automatismen unserer Nutzung erkennen, im reflexhaften Nachsehen innehalten und schließlich achtsam hinterfragen, was die wahre Absicht unseres Nachsehens ist, können wir unsere Gewohnheiten verändern und unsere mentale Gesundheit schützen. Indem wir das Positive der digitalen Möglichkeiten selbstbestimmt und bewusst nutzen und regelmäßig Phasen der Unerreichbarkeit leben, können wir unsere eigenen Bedürfnisse wahrnehmen und dem, was für uns wichtig ist, mehr Raum schenken.

Weil wir äußerlich und innerlich zum Nachsehen und Bleiben animiert werden, haben wir den Griff zum Smartphone, das Öffnen von Apps, Seiten oder *Games* unwissend einstudiert, tausendfach wiederholt, automatisiert, aber meist zu wenig hinterfragt. Der Aufenthalt in der Bildschirmwelt ist längst zu einer kollektiven Gewohnheit und damit zu unserer Normalität geworden. Es liegt an uns allen, wie wir mit dieser neuen digitalen Normalität umgehen. Wie wir die Vorteile für uns nutzen, ohne den Herausforderungen zu viel Aufmerksamkeit zu schenken. Und es gilt für jedes Unternehmen, für jede Schule und öffentliche Einrichtung, sich zu positionieren und zu entscheiden, welche digitale Kultur sie leben möchte. Das Wissen der Hintergründe um die Anziehungskraft digitaler Medien verdeutlicht, dass wir uns den dahinterliegenden Mechanismen kaum entziehen können. Doch wir können uns selbst helfen, möglichst selten in die Dopamin- und Ablenkungsfallen zu tappen. Denn die Geräte sind nur die Geräte: Wir sind es, die sie in den Händen halten und die Verantwortung dafür tragen, wie wir und unsere Kinder das digitale Angebot nutzen. Ob wir die Technik gezielt für uns nutzen und dann in die analoge Wirklichkeit zurückkehren, oder ob wir hängenbleiben und uns selbst dabei aus dem Blick verlieren, liegt einzig an uns. Um den Punkt zu erkennen, an dem sich die selbstbestimmte und sinnvolle Nutzung in eine fremdbestimmte und zeitraubende verkehrt, die keinen Mehrwert stiftet, sondern ablenkt, bedarf es Achtsamkeit: Das Bewusstsein für unsere Aufmerksamkeit und unser persönliches Wohlbefinden. Und um den Reizen zu widerstehen, benötigen wir die Fähigkeit der Selbstkontrolle.

Denn die psychologischen Mechanismen des Produktdesgins mit Suchtpotential, die vielfältigen Belohnungsreize und das Gefühl von Verbundenheit wirken zwangsläufig auf uns und das menschliche Gehirn. Und außerdem: Der Algorithmus kennt uns. Er will uns. Und er fängt uns, wenn wir nicht achtsam sind. Daher sollten wir gut auf uns achten. Und auf unsere Kinder.

Es liegt an uns selbst, ob wir achtsam oder abgelenkt sind. Und worauf wir unsere Aufmerksamkeit richten. Fest steht: Nur das, worauf wir sie richten, wird zu unserer Realität. Unsere Aufmerksamkeit ist wertvoll: Sie schenkt uns den Blick für uns selbst und unsere Umwelt – und erschafft damit unsere Wirklichkeit. Deshalb sollten wir sie schützen und selbst lenken. Im analogen Leben und im digitalen Raum.

1 Wansink, Painter, North – “Bottomless bowls: why visual cues of portion size may influence intake” erschienen in Obesity Research (Jan. 2005)

2 https://www.freitag.de/autoren/the-guardian/digitale-dealer-auf-entzug (Letzter Abruf am 2.12.2022)

3 https://de.statista.com/statistik/daten/studie/553714/umfrage/anzahl-der-taeglich-aktiven-snapchat-nutzer-nach-regionen/ (Letzter Abruf am 2.12.2022)

4 https://de.wikipedia.org/wiki/%C3%9Cberwachungskapitalismus (Letzter Abruf am 2.12.2022)

5 https://clausnehring.com/blog/der-skandal-um-cambridge-analytica-und-seine-folgen/ (Letzter Abruf am 16.11.2022)

6 Phillippa Lally – “How are habits formed: Modelling habit formation in the real world” erschienen in European Journal of Social Psychology (2009)

7 https://www.fastcompany.com/90774226/if-you-want-more-tech-life-balance-do-this-to-protect-your-brain?ref=refind (Letzter Abruf am 16.11.2022)

8 Leah H. Somerville – “Searching for Signatures of Brain Maturity: What Are We Searching For?” erschienen in Neuroview (2016)

9 https://www.evz.de/einkaufen-internet/gaming/lootboxen-in-computer-und-videospielen.html (Letzter Abruf am 22.11.2022)

10 https://www.dak.de/dak/bundesthemen/mediensucht-steigt-in-corona-pandemie-stark-an-2508248.html#/ (Letzter Abruf am 22.11.2022)

11 https://www.bfarm.de/DE/Kodiersysteme/Klassifikationen/ICD/ICD-11/uebersetzung/_node.html (Letzter Abruf am 21.11.2022) (6C51 Pathologisches Spielen)

12 Kelly, Zilanawala, Booker, Sacker – “Social Media Use and Adolescent Mental Health: Findings From the UK Millennium Cohort Study“ erschienen in “eClinicalMedicine” (2019)

13 Sophie Leroy – “Why is it so hard to do my work? The challenge of attention residue when switching between work tasks” erschienen in “Organizational Behaviour an Human Decision Processes 109” (2009)

14 Ward, Duke, Gneezy, Bos – „Brain Drain: The Mere Presence of One’s Own Smartphone Reduces Available Conitive Capacity”, erschienen in “Journal of the Association for Consumer Research Volume 2, Number 2” (2017)

15 Cal Newport – „Konzentriert arbeiten – Regeln für eine Welt voller Ablenkungen“, erschienen im Redline Verlag (2017)

16 Rivkin, Diestel, Schmidt – “Which Daily Experiences Can Foster Well-Being at Work? A Diary Study on the Interplay Between Flow Experiences, Affective Commitment, and Self-Control Demands”, erschienen in Journal of Occupational Health Psychology (2016)

17 J. R. Ferrari et al. – „The dark side of home: Assessing possession ‘clutter’ on subjective well-being” erschienen in “Journal of Environmental Psychology Vol. 46” (2016)

18 A. M. Luxon et al. – „Pinning our possessions: Associations between digital hoarding and symptoms of hoarding disorder“ erschienen in “Journal of Obsessive-Compulsive and Related Disorders Vol. 21” (2019)

19 https://drvolkerbusch.de/kopfsachen-oefter-mal-offline-digitale-pause/ (Letzter Abruf am 20.10.2022)

20 Marcus E. Raichle – „The Brain’s Default Mode Network” erschienen in Annual Review of Neuroscience Vol. 38 (2015)

21 https://drvolkerbusch.de/kopfsachen-oefter-mal-offline-digitale-pause/ (Letzter Abruf am 20.10.2022)

Veröffentlichte Bücher

Schlaflos in der Regenzeit
Südamerikanische Reiseerzählung mit Impulsen für ein einfaches, nachhaltiges und gerechtes Miteinander in einer globalen Welt.

ISBN: 3-9810067-7-1
173 Seiten

Zwischen den Zeilen reisen
In der Fortsetzung von »Schlaflos in der Regenzeit« geht es um das Reisen und um das Ankommen.

ISBN: 978-3-00-051755-6
227 Seiten

Verlauf dich nicht
Wegweiser und Einladung, das Leben auf verschiedenen Ebenen aufzuräumen und mehr auf die eigenen Bedürfnisse zu achten.

ISBN: 978-3-00-058493-0
134 Seiten

Achtsamkeitsseminar auf Sylt

Achtsamkeit
und
positive Lebensgestaltung

Auftanken durch Impulse und Naturerleben auf Sylt

Impulsvorträge:

Achtsamkeit

Digitale Balance

Gesunde Stressbewältigung

Mentale Gesundheit

Gelingende Zielsetzung & Fokussierung auf die eigenen Bedürfnisse

Inselwanderungen: Natur genießen & sich auf das Wesentliche besinnen

Angeleitete Meditationen: Vom Außen ins Innen kommen

Hintergründe & Kontakt

Wie ich meine Bücher veröffentliche:

Nachhaltig
Meine Bücher werden aus recyceltem Papier produziert, das einer CO2-neutralen Produktion entstammt und mit dem Blauen Umweltengel ausgezeichnet ist.

Fair
Für jedes verkaufte Buch spende ich 1,- € an die Stadtrandarbeit in Leme (Brasilien). Dort habe ich nach dem Abitur sechs Monate lang gelebt und gearbeitet. Daher weiß ich, dass und wo das Geld ankommt und auch, wie sehr es benötigt wird. Ich freue mich, dass wir gemeinsam auf diesem Weg Menschen unterstützen, denen es am Essenziellen fehlt.

Als Selbstverlegerin und mit viel Herzblut
Vom ersten Buchstaben über das Design, die Organisation des Drucks in einer kleinen, familiengeführten Druckerei nahe meiner Heimatstadt Melsungen bis zum Marketing, meiner Website und dem Vertrieb mache ich alles selbst und mit viel Leidenschaft. Jedes Buch geht durch meine Hände – auch dieses. Dieser persönliche Kontakt zu meinen Leser*innen ist für mich etwas sehr Besonderes.

Deshalb würde ich mich freuen, wenn du mir deine Gedanken zum Buch verrätst. Über meine Website www.einfachachtsam.de kannst du Kontakt zu mir aufnehmen. Dort findest du weitere Informationen rund um meine Bücher und Seminare und kannst dich auch für meinen Newsletter eintragen.

Ich freue mich von dir zu lesen.
Alles Liebe

Herzlichen Dank

an Ricky, Aniy, meine Familie, Rosi und Stefan, Cora Stein
und an dich
– für deine Aufmerksamkeit, Zeit und dein Interesse.